Se o no *se*,
esa es la cuestión

(y otros enigmas clíticos)

DE SECUNDARIA, PARA SECUNDARIA

Alfonso Ruiz de Aguirre

Junio de 2022

Tabla de contenido

Sintaxis por Alfonso Ruiz de Aguirre

Un grupo de Facebook para hablar de la lengua, de su enseñanza y de su aprendizaje:

https://www.facebook.com/groups/sintaxis

Uno de los fenómenos sintácticos más interesantes de las lenguas romances es la plurifuncionalidad de los pronombres reflexivos. Bien se puede afirmar que en todo fenómeno crucial de la gramática del español interviene un clítico *se* con un significado particular.

Ricardo Maldonado

Agradecimientos

Me pidieron un artículo para una revista especializada. Con esfuerzo, les presenté uno sobre los usos de los pronombres personales átonos y la persona que me lo encargó lo alabó mucho. Luego la revista lo tuvo un año durmiendo el sueño de los justos. Tras muchos trámites y aún más silencios, me enviaron unas revisiones realizadas por alguien muy poco cualificado, dejaron sin responder el correo en el que les explicaba lo disparatado del informe y, tiempo después, me preguntaron cuáles de ellas iba a incorporar a mi artículo: obviamente, ninguna. Del mismo modo que las correcciones de quien me encargó el artículo venían llenas de conocimiento, las del revisor parecían una mala broma y solo demostraban lo osada que puede resultar la ignorancia. Los informé de que jamás publicaría con ellos, ni ese artículo, ni ninguna otra cosa, y de esas veinte páginas surgieron estas. Cela dedicó *La familia de Pascual Duarte* «a mis enemigos, que tanto me han ayudado en mi carrera». Los responsables (palabra que cobra un cariz tan cómico cuando se les aplica a ellos) de la publicación no son mis enemigos, ni tengo nada contra ellos, pero me trataron mal y quiero agradecerles el mal trato, porque de él ha nacido este libro. Y este libro me gusta, y es mucho más completo y más maduro, dos años después, y está mucho mejor razonado que el artículo, tan limitado, el pobre, por el número de páginas, y me he reído mucho escribiéndolo. Muchas gracias.

Pero mucho mayor agradecimiento debo al grupo de Facebook *Sintaxis por Alfonso Ruiz de Aguirre*, que fundé el 24 de junio de 2015, con la esperanza de juntar a unas decenas de enamorados de la lengua, de su enseñanza y de su aprendizaje, que quisieran charlar de lo que más nos apasiona en un ambiente de cordialidad y respeto. Escribo estas líneas en junio de 2022 y somos ya más de 19000 miembros. En este grupo aprendo; de este grupo obtengo apoyo, ánimos, consejo y ejemplos; por este grupo merece la pena asumir las desventajas de las redes sociales. Gracias a cada uno de los miembros del grupo y gracias a cada uno de sus administradores. Mis libros se venden bien. Cuando algo marcha bien en la vida resulta ingenuo pensar que la exclusiva del mérito nos corresponde a nosotros. Gran parte del mérito de mis libros se lo debo a *Sintaxis por Alfonso Ruiz de Aguirre*. Dedico este libro a todos los integrantes del grupo, en su séptimo aniversario.

Como todos mis libros, este es un trabajo DE SECUNDARIA, PARA SECUNDARIA.

1. Pensamos con palabras: nada más humano que pensar en las palabras

Desengañémonos: se puede hablar, comprender y escribir el español perfectamente sin saber qué dos preposiciones rigen caso recto o qué es un complemento locativo argumental, y hasta la fecha nadie ha resuelto un problema de la vida cotidiana distinguiendo entre argumentos y adjuntos. Se puede viajar, y tener familia y amigos, y escribir muy bien, y ser muy buena persona, y alcanzar la felicidad y la gloria, y vivir hasta los cien años, sin saber qué es un verbo inergativo.

En la selectividad de Navarra y en la de Canarias no hay pregunta de sintaxis, y en la de Galicia figura como una opción, de modo que un estudiante puede obtener un diez aunque ignore lo que es el sujeto. Y no creo que nadie sostenga que los alumnos de esas comunidades son menos competentes o felices que los de Valencia o Castilla y León. Y si son más o menos felices, sospecho que no se debe a la sintaxis.

El ser humano vive en dos mundos, el natural y el cultural. Saber gramática resulta absolutamente irrelevante en el mundo natural y un poco más importante en el mundo de la cultura, porque el humano es un ser pensante, y se piensa con palabras. Así que nada más humano que reflexionar sobre esas palabras y las reglas que usamos para relacionarlas.

Una vez admitido que el estudio de la gramática rara vez se traduce en un incremento patrimonial, salvo para los profesionales que, como piensan muchos, nos dedicamos a enseñar eso que no interesa a nadie, ¿es más noble desentendernos de los usos de los pronombres personales átonos (PPA), o revestirnos de armas pedagógicas para explicarlos mejor? Es más noble enseñarlos: la cuestión es cómo.

Por eso vamos a proponer un sistema que funciona en clase y que se sostiene en tres principios básicos:

Para no equivocarnos con los PPA
1- Seguiremos un orden invariable para identificar su función, que desarrollaremos paso a paso
2- Aplicaremos siempre unas normas de identificación que razonaremos antes.
3- No explicaremos en clase funciones de los PPA que se solapen entre sí.

Con este sistema, nunca me he encontrado con un *se* que no pudiera analizar. Puesto que los dativos posesivos escapan al tercer criterio, recomendamos no explicarlos en niveles preuniversitarios.

A menudo los profesores se preguntan por qué deben estudiarse todos los usos de los PPA de forma sistemática, en lugar de abordar cada uno cuando nos aparezca. ¿Alguien enseñaría a un niño el color rojo, una semana después el azul y siete días más tarde el amarillo? Pésima estrategia. Los colores se definen por oposición a los demás. Sé que algo es azul y no verde porque cada uno de esos colores se opone al otro, aunque todos admitiremos que existen zonas en las que las personas dudan, o les parece que el tono que se les muestra tanto puede ser denominado azul como verde. Lo mismo ocurre con los PPA. Por eso carece de sentido estudiarlos por separado, lo que no significa que su enseñanza no deba desarrollarse de forma secuenciada.

El aprendizaje de los PPA puede realizarse de forma significativa y es nuestra obligación reflexionar sobre ellos en Secundaria. En primer lugar, porque en nuestra vida cotidiana los usamos sin cesar y porque nos permiten expresar los matices más sutiles de nuestras intenciones, de nuestra experiencia, de nuestros sentimientos: ¿de verdad vamos a dejar de estudiar esa máquina maravillosa de producir significado que conforman los PPA?

En segundo, porque, si comprendemos cómo se usan los PPA, escribiremos mejor, seremos más conscientes, por ejemplo, del grado de importancia que adquiere el papel semántico de agente y de cómo esa relevancia se refleja por medio de instrumentos sintácticos. *¡Magia!*, les digo a los alumnos: al hablar, sabemos hacer magia, y hoy vamos a desvelar los secretos de los trucos.

En tercero, porque comprenderemos mejor de cuántas formas perspicaces y casi invisibles puede moldearse o manipularse la información que nos llega, para así condicionar nuestro punto de vista.

En cuarto, porque los PPA nos ofrecen una forma privilegiada de trabajar las competencias que la ley define como objetivo principal de nuestra asignatura, y también de otras que nos acercan al conocimiento. No me refiero ahora solamente a la competencia en comunicación lingüística, ni a la plurilingüe, sino también a la STEAM (*Sciences, Technology, Engineering, Arts and Mathematics*), que se orienta a la comprensión del mundo por medio del uso del método científico y el pensamiento reflexivo. Se trata de formar ciudadanos que desarrollen el pensamiento abstracto, capaces de observar, de experimentar y de elaborar hipótesis que conduzcan a la formulación de reglas: eso vale para las Matemáticas, pero también para la Lengua.

Queremos enseñar gramática y queremos que esta sirva para formar alumnos libres, curiosos, autónomos, reflexivos, es decir, personas capaces de aprender a aprender, de interiorizar que la utilidad del conocimiento casi nunca puede medirse a corto plazo, de que solo quien piensa despacio puede luego decidir deprisa, de que, como aprendimos en el *Facundo*, del ilustrado argentino Domingo Faustino Sarmiento, solo existen dos opciones para el ser humano: civilización o barbarie.

> Este libro se ha concebido para los usos de los pronombres personales átonos en castellano de España. Aunque encontrarás alguna referencia o alusión al español de otras variedades diatópicas, su tratamiento no responde a un proceso sistemático: se emplean solo a título de ejemplo.

2. ¿Qué son los pronombres personales átonos (PPA) y para qué sirven?

El *Glosario de términos gramaticales* (RAE y ASALE 2019), en adelante *GTG*, explica que los **clíticos** son palabras átonas que se apoyan fonéticamente en una palabra tónica, que puede ir delante o detrás: juntas forman un grupo acentual. Son clíticos los artículos determinados, las preposiciones y conjunciones átonas, los determinantes posesivos... Pero los clíticos a los que vamos a dedicar este libro son los **pronombres personales átonos (PPA)**, que forman un grupo acentual con el verbo: *me, te, se, nos, os, se, lo, la, los, las, le, les*. En español, aparecen detrás del verbo en infinitivo, gerundio e imperativo (*decírselo, diciéndoselo, díselo*) y delante en las demás formas (*Se lo dije*).

El trabajo fundamental de los PPA consiste en desempeñar la tarea de **complemento directo** y de **complemento indirecto**. En ocasiones aparecen solos (*Me encantan las comedias*) y en otras el complemento se muestra duplicado, por medio de un clítico y también de otro sintagma, sea directo (*Las acelgas las cultivo en el huerto*) o indirecto (*Le pedí salir a Scarlett Johansson*). Si el complemento va delante del clítico, la duplicación es obligatoria (*A mí me gusta Brad Pitt*, *A mí gusta Brad Pitt).

Los PPA se llevan bien entre ellos, así que muy a menudo aparecen dos en la misma oración: *Te lo dije*. En francés las reglas de combinación entre los PPA son más compleja, de modo que dicen *Je le lui ai dit* (primero el directo y después el indirecto) y *Je vous l´ai dit* (primero el indirecto y después el directo). Un lío, ¿verdad? En español ponemos primero el indirecto y después el directo siempre, vayan delante o detrás del verbo *Se lo dije, Ven a decírmelo*. No obstante, en caso de duda, podemos consultar este esquema para comprobar cómo se ordenan entre sí cuando combinamos varios:

El primero	Después	Luego	Los últimos
se	te	me	lo(s)
	os	nos	la(s)
			le(s)

Algunos libros explican que un verbo puede recibir hasta tres clíticos a la vez. Por ejemplo, en su *Gramática española: análisis y práctica*, King y Suñer afirman que no es habitual que un verbo aparezca con tres clíticos, pero que resulta posible, y ponen los siguientes ejemplos: *Ellos se me lo consiguieron a mi hija* (un puesto de trabajo), *Se me le robó la billetera*, *Se nos la entregó luego de una gran introducción* y *¿Ya te me lo notificó?*

Para mí se trata de secuencias agramaticales, pero, en estos casos, siempre recurro al comodín de los compañeros: hice una consulta en el grupo de Facebook que fundé, *Sintaxis por Alfonso Ruiz de Aguirre*, al que todos estáis invitados. Un compañero escuchó que, en un episodio de *La que se avecina*, un personaje dijo *Corre, que se te la están follando*. Está claro que el ejemplo de la serie tiene sentido por su propósito humorístico. Martha Ramírez Enríquez señaló que estas estructuras son más habituales en español americano, aunque miembros argentinos y mexicanos las sentían completamente ajenas, y Atila Luis Karlovich añadió que resultan más habituales en los países andinos, quizá por interferencias con lenguas precolombinas. Juan Luis Calbarro señaló como ejemplos más naturales *Tráetemelo*, o *No te me lo acabes*. Como veis, en todos los casos, uno de los pronombres tiene carácter enfático.

En ocasiones los PPA desempeñan usos que van más allá del complemento directo o indirecto:

- **Forman parte del núcleo verbal** y determinan cómo funciona este.
- Además de funcionar como directo o como indirecto, adquieren **particularidades de significado** que implican valores reflexivos, recíprocos...

A estos, los llamaremos **usos especiales**. En muchos libros se habla de *usos de se*, pero nosotros queremos ir más allá: ¿por qué explicar el valor del clítico en *Se aburrió*, pero no en *Me aburrí*, cuando su funcionamiento es idéntico? Intentaremos abordar los posibles usos de todos los PPA que se pueden trabajar en Secundaria, especiales o no.

A pesar del mito que se abate sobre los PPA, sobre los temidos *se*, identificar su funcionamiento no reviste demasiadas dificultades si nos aplicamos a ello de forma sistemática. Además, su estudio contribuye a desarrollar el pensamiento abstracto y la sistematicidad que requiere un paradigma de matices extremadamente sutiles. Por supuesto, habrá zonas de solapamiento y ambigüedad, como ocurre con los colores, pero eso no demuestra que no sea importante distinguir entre los colores.

En Secundaria, evitaremos los solapamientos (que cada PPA no pueda pertenecer a dos puntos de la clasificación cuando lo interpretamos con un solo sentido), pero insistiremos en las ambigüedades (cuando la misma expresión puede interpretarse de varias formas), porque creemos que estas secuencias son, precisamente, las que resultan más interesantes para que el análisis en Secundaria resulte reflexivo. Aprender a pensar: esta es la más importante de las competencias.

Ojo, evitar los solapamientos no quiere decir que prescindamos de especificar cómo se comporta un pronombre; por eso no nos limitaremos a señalar que se trata de un indirecto: si además de indirecto es reflexivo, causativo o recíproco, lo añadiremos. Cuando debamos recurrir a tales especificaciones diremos que nos hallamos ante un uso especial, porque son estas las que hacen especial al pronombre.

A pesar del terror que inspira en las aulas, en realidad, solo existen tres *se*. Para distinguirlos, vamos a usar una de esas palabras que suenan a misterio ignoto: *paradigmático*. No es para tanto. A menudo se clasifican los *se* en paradigmáticos y no paradigmáticos. Llamamos **paradigmáticos** a aquellos que **se oponen a los otros PPA**.

Cuando expliquemos los reflexivos veremos que podemos decir *Yo me miro en el espejo* y *Él se mira en el espejo*; cuando expliquemos la voz media compararemos *Tú te asustas* y *Ellos se asustan*. En estos casos *se* se está oponiendo, dentro del mismo paradigma, a *me, te, nos* y *os*. Sin embargo, el *se* de pasiva refleja o el de impersonal refleja no se oponen a ningún otro pronombre: se trata de usos de *se* no paradigmáticos.

Quizás este cuadro pueda ayudarte:

Los tres *se*	
Un pronombre personal que proviene del latín **illi + illum > gelo > se lo**, que da el sustituto o alomorfo de *le* y que siempre funciona como complemento indirecto	*Se lo pedí.*
Un pronombre reflexivo latino que ha originado distintas **variantes, siempre paradigmáticas** (opuestas a los otros pronombres).	*Se lavó la cara / Nos lavó la cara.*
Un pronombre reflexivo latino que ha originado dos **variantes no paradigmáticas** (la pasiva refleja y la impersonal refleja, no opuestas a los otros pronombres).	*Se ha llegado a un acuerdo / *Te ha llegado a un acuerdo.*

Para terminar este apartado, vamos a dedicar esta curiosidad a todos los que sostienen que el hablante no usa tanto el *se* y que no vale la pena estudiarlo. «Poema 12» de Oliverio Girondo:

Se miran, se presienten, se desean,
se acarician, se besan, se desnudan,
se respiran, se acuestan, se olfatean,
se penetran, se chupan, se demudan,
se adormecen, se despiertan, se iluminan,
se codician, se palpan, se fascinan,
se mastican, se gustan, se babean,
se confunden, se acoplan, se disgregan,
se aletargan, fallecen, se reintegran,
se distienden, se enarcan, se menean,
se retuercen, se estiran, se caldean,
se estrangulan, se aprietan, se estremecen,
se tantean, se juntan, desfallecen,
se repelen, se enervan, se apetecen,
se acometen, se enlazan, se entrechocan,
se agazapan, se apresan, se dislocan,
se perforan, se incrustan, se acribillan,
se remachan, se injertan, se atornillan,
se desmayan, reviven, resplandecen,
se contemplan, se inflaman, se enloquecen,
se derriten, se sueldan, se calcinan,
se desgarran, se muerden, se asesinan,
resucitan, se buscan, se refriegan,
se rehúyen, se evaden, y se entregan.

3. ¿Cómo sabemos que un PPA desempeña un uso especial?

Este es uno de los problemas que más asusta a los profesores. Cuando explicamos en el aula los usos especiales, muchos alumnos interpretan que todo *me, le* u *os* lo tendrá. Sin embargo, en la mayor parte de los casos, se tratará solo de complementos directos e indirectos, que ni implicarán reflexividad, ni indicarán que el verbo figura en voz pasiva. ¿Cómo podemos distinguirlos?

En realidad, la respuesta no puede ser más sencilla. La mostramos en un cuadro. Si el pronombre que analizamos no encaja en ninguna de las tres condiciones, es un directo o un indirecto sin más: no es preciso añadir más información.

¿Cómo sé que me enfrento a un uso especial?
1- ***Se siempre*** tiene uso especial.
2- *Me, te, nos* y *os* tienen uso especial **cuando coinciden con el sujeto**: solo en los casos ***yo me, tú te, nosotros nos, vosotros os.*** ¡Son solo cuatro!
3- *Me, te, nos, os, le* y *les* pueden ser **dativo ético** cuando no coinciden con el sujeto: prueba si puedes prescindir del pronombre sin que se altere el significado de la oración. Eso ocurre en oraciones como *No <u>me</u> dejes revuelta tu habitación, No te <u>nos</u> enfades* o *El bebé no <u>les</u> duerme.* Es el único que puede aparecer con otro indirecto: *No <u>me</u> le digan eso, que se echará a llorar.*

Si aparece *yo te* o *nosotros os*, no hay uso especial. Si aparece *Me apasionan las plantas, las plantas* y *me* no señalan al mismo referente, así que *me* no desempeña un uso especial. Si aparece *Él le dijo la verdad*, aunque *él* y *le* estén en tercera persona singular, no remiten al mismo referente, de modo que no hay uso especial.

Para asegurarnos de que tenemos un uso especial seguimos este algoritmo, que queda reflejado en la tabla I:

1- Aparece *se.*
   Cierto: uso especial. Paso a tabla II/III.
   Falso: paso a 2.
2- Aparece *yo me, tú te, nosotros nos* o *vosotros os.*
   Cierto: uso especial. Paso a tabla II/III.
   Falso: paso a 3.
3- Puedo prescindir del pronombre átono, que no coincide con el sujeto.
   Cierto: DATIVO ÉTICO (uso especial).
   Falso: CD o CI.

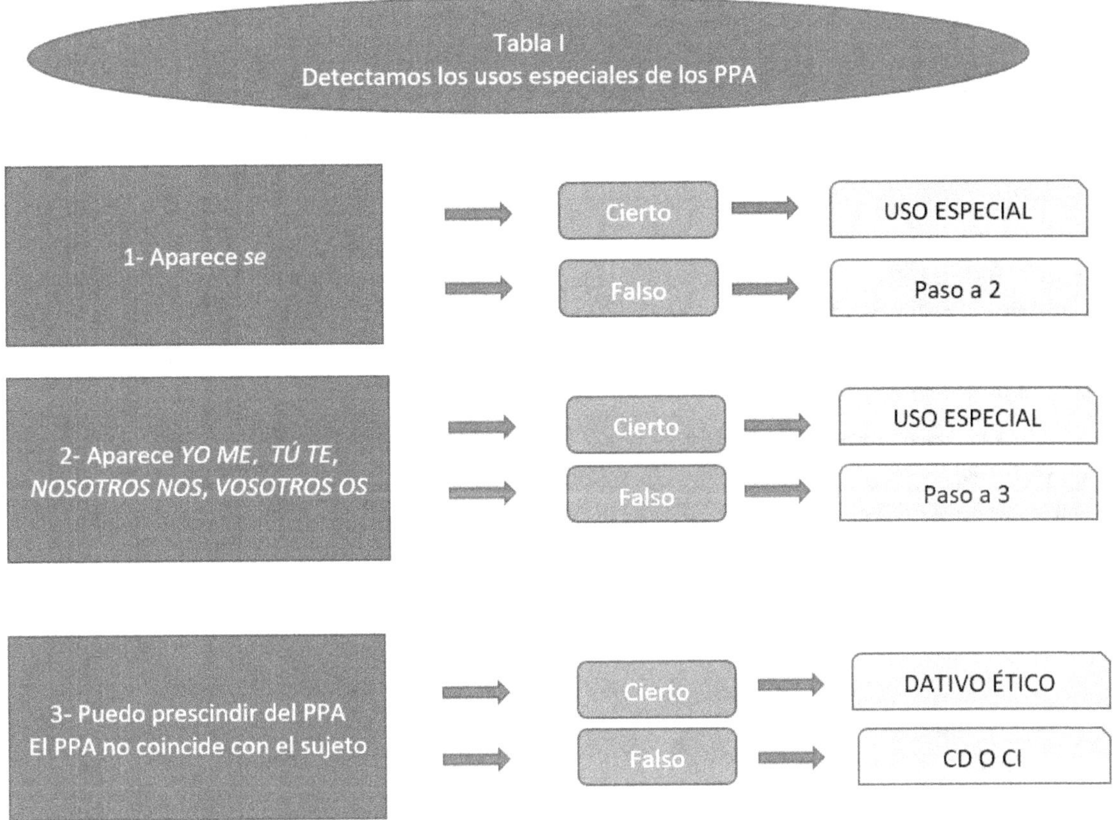

Tabla I
Detectamos los usos especiales de los PPA
1- Aparece *se*
Cierto
USO ESPECIAL
Falso
Paso a 2
2- Aparece *YO ME, TÚ TE, NOSOTROS NOS, VOSOTROS OS*
Cierto
USO ESPECIAL
Falso
Paso a 3
3- Puedo prescindir del PPA
El PPA no coincide con el sujeto
Cierto
DATIVO ÉTICO
Falso
CD O CI

4. Complemento directo o indirecto... y nada más

El **uso más habitual de los PPA** es el de **complemento directo o indirecto...** y nada más. Hablamos de *uso especial* cuando **no desempeña estas funciones** o cuando **las desempeña de un modo distinto al normal, lo que nos obliga a ponerle apellido**. Por ejemplo, cuando decimos que un *se* es marca de pasiva refleja, indicamos que no es directo ni indirecto, cuando decimos que es dativo aspectual estamos afirmando que se trata de un indirecto muy particular y cuando escribimos que es reflexivo queremos transmitir que, además de funcionar como directo o como indirecto, indica que el sujeto realiza la acción sobre sí mismo.

Los primeros complementos que buscamos dentro del predicado verbal son el directo y el indirecto, y la prueba no puede resultar más sencilla: **cualquier complemento que podamos sustituir, en el predicado verbal, por uno de estos PPA, es directo o indirecto**. Vamos con algunos ejemplos:

Alguien robó los dónuts <u>a Homer</u> >	(1) Alguien le robó los dónuts.
Alguien robó <u>los dónuts</u> a Homer >	(2) Alguien los robó a Homer.
Alguien robó <u>los dónuts a Homer</u> >	(3) Alguien se los robó.
Vino a las cinco >	(4) *Las vino.
Tiende al descontrol >	(5) *Lo tiende.
Elena se acostumbró al campo >	(6) *Elena se lo acostumbró.

En (1) hemos sustituido el indirecto, en (2) el directo y en (3) ambos a la vez. Como explicaremos más tarde, *le* y *les* son incompatibles con *lo, la, los* y *las*: cuando se ven obligados a coincidir, *se* ocupa el lugar de *le* o *les*. En (4) obtenemos una secuencia agramatical porque sustituimos un complemento circunstancial y en (5) y (6) porque sustituimos un complemento de régimen.

Los pronombres que pueden sustituir al **directo** son *me, te, se, nos, os, lo, la, los las*, a los que tenemos que añadir *le* y *les*, para los hablantes o los usos leístas. Los pronombres que pueden sustituir al indirecto *son me, te, se, nos, os, le, les*. En este caso, no incluimos *lo, la, los* y *las*, porque los loísmos y los laísmos se consideran siempre anormativos, y en este libro, que no es de gramática descriptiva, sino didáctica, explicamos los usos que se ciñen a la norma. Sí: soy un prescriptivista orgulloso de serlo.

Una vez que hemos sustituido un sintagma por un PPA ya sabemos que su función es la complemento directo o indirecto, pero ¿cómo distinguir uno de otro? Tenemos cuatro pruebas, pero no son totalmente fiables.

Prueba 1. Solo para los **no leístas**, y no es el caso de mis alumnos (son de Madrid), ni lo que predomina entre quienes escriben en los periódicos. Si el sintagma puede ser sustituido por *lo, la, los* o *las* **es directo**, y si se sustituye por *le* o *les* **indirecto**. Pero, cuidado: mis alumnos, cuando el referente es masculino, dicen *Le saludé* o *Les regañaron*.

Prueba 2. Mucho más fiable. Consiste en realizar una **transformación a pasiva**. El aspirante a ser considerado directo permitirá la transformación a una oración pasiva en la que desempeñará la función de sujeto. *Saludé a Juan > Juan fue saludado por mí* demuestra que *a Juan* es directo. *Me duelen las muelas > *Yo* *soy dolido por las muelas* demuestra que *me* no es directo. *Te obligaron a cantar* > *Tú fuiste obligado a cantar* demuestra que *te* es directo. *Te obligaron a cantar* > **Cantar te fue obligado por ellos* demuestra que *a cantar* no es directo.

¿Cuál es el problema de esta prueba? **No funciona con algunos verbos de estado**. Llamamos *verbos de estado* a los que no implican una acción, sino que muestran una opinión, una emoción, una disposición, una forma de ser o estar. Como no existe acción, muchas veces resulta imposible encontrar al agente necesario para poder expresar un sujeto paciente, de modo que *Pienso que ganará mi equipo* es una expresión habitual y aceptable, pero **Que ganará mi equipo es pensado por mí* solo lo diría alguien muy pedante o un extranjero despistado. Mira estos ejemplos: *Marge tiene dos amigas* > **Dos amigas son tenidas por Marge*; *Lisa quiere un clarinete* > **Un clarinete es querido por Lisa*.

Algunos verbos de estado sí admiten la transformación a pasiva: *Mazinger Z ama al Doctor Infierno* > *El Doctor Infierno es amado por Mazinger Z*. Demuestra que se trata de un verbo de estado el hecho de que, en inglés, *to love* no admita formas continuas, si bien la campaña de una conocida multinacional de hamburguesas, *I´m loving it*, nos hizo dudar de que tal expresión resultara agramatical. En realidad, lo que quiere decir el lema es que está disfrutando la experiencia. El sentido de *disfrutar* admite una forma continua; el de *amar* no, salvo que se refiera a mantener relaciones sexuales.

Tampoco podemos aplicar la prueba de pasiva con **verbos de apoyo**, esos parcialmente gramaticalizados que necesitan un nombre, casi siempre abstracto, para completar su significado léxico. Así que puedo decir *Doy mi apoyo a Cenicienta*, pero no **Mi apoyo es dado por mí a Cenicienta*.

Un tercer grupo con el que la prueba de pasiva resulta inútil son los **impersonales**. Es lógico, puesto que la transformación a pasiva implica que el directo pase a ser sujeto y estos verbos no admiten sujeto, aunque los torturen: *Hace calor en Springfield* > **El calor es hecho en Springfield*; *Hay una fiesta en San Ignacio de Loyola* > **Una fiesta es habida en San Ignacio de Loyola*.

A esa dificultad le tenemos que sumar que, a diferencia de lo que ocurre en inglés, **muchos verbos transitivos le suenan muy extraños al hablante nativo en pasiva perifrástica**. Veamos las siguientes secuencias: *Naruto quiere a Madara Uchiha* > *Madara Uchiha es querido por Naruto*, *Creo a Juan* > *Juan es creído por mí*, *Te necesito* > *Tú eres necesitado por mí*. No se trata de expresiones agramaticales ni anormativas, pero convendremos en que ningún hablante las profiere así de forma natural, de modo que en la clase no constituyen una prueba fiable.

A veces un alumno jura por los dioses que la secuencia *Madara Uchiha es querido por Naruto* es de uso habitual. Miro al interesado y lo invito a grabar en secreto cuantas conversaciones desee y a traernos una oración similar, sacada de la vida cotidiana. Hasta ahora no lo ha logrado ninguno.

Prueba 3. Una versión más suave de la prueba de pasiva consiste en preguntarle al verbo **¿qué es lo + participio?** Si pregunto *¿Qué es lo querido por Lisa?* (verbo de estado) y me responden *un clarinete*, la respuesta me resultará más natural que la pasiva perifrástica (**Un clarinete es querido por Lisa*). Si pregunto *¿Qué es lo dado a Cenicienta?* y responden *mi apoyo*, entenderé que ya he localizado el complemento directo. Eso sí, tendré que admitir que ningún hablante de mi lengua formula una pregunta tan forzada.

Y si esta prueba es tan buena, ¿por qué no la empleamos en lugar de la transformación a pasiva? Porque también muestra carencias. Por ejemplo, en *Vi a Juan por la calle*, los alumnos dicen, con razón, que la pregunta correcta no es *¿qué es lo visto?*, sino *¿quién fue la persona vista?* Por analogía, cuando aparece *Regañaron a Juan*, o *Respondieron a Juan*, o *El perro gruñó a Juan*, ellos preguntan *¿quién es el regañado?*, *¿quién es el respondido?*, *¿quién es el gruñido?*, y en todos los casos concluyen que se enfrentan a un directo, cuando el primero es directo, pero los dos últimos son indirectos.

Esta prueba funciona para los directos de cosa, pero resulta mucho menos útil con los directos de persona.

Prueba 4. **Absténganse laístas. Si el candidato a directo se deja sustituir por *la*, lo es**: si no, no lo es. Esta prueba es útil cuando fallan las anteriores, porque casi todos los alumnos de mi variante diatópica (Madrid) dirían *Tengo dos amigas* > *Las tengo*, *Necesito a mi madre* > *La necesito*, y sentirían como incorrectas para un femenino plural ●*Les tengo* y ●*Les necesito*. El problema es que algunos de mis alumnos dicen ●*La pedí dinero a mi hermana*, laísmo que demostraría que *a mi hermana* es directo: y, claro, no lo es. Uso el punto grueso para marcar expresiones anormativas, pero no agramaticales, puesto que son las escogidas por muchos hablantes nativos.

5. Leísmo, laísmo y loísmo

Entendemos por *leísmo* el uso de los pronombres *le* o *les* cuando corresponden otros, por *laísmo* el de *la* o *las* cuando corresponden otros y por *loísmo* el de *lo* o *los* cuando corresponden otros. Como cualquier otro asunto relacionado con la norma, conviene recordar que esta es fruto del acuerdo de los hablantes para sancionar los usos que en un tiempo y en un espacio determinado se consideran prestigiosos, y que está sujeta a cambio.

Como es bien sabido, los **casos latinos** se perdieron en la mayor parte de las lenguas romances. En español, quedaron **reducidos a los pronombres personales**. Convertidos en una excepción, desarrollaron un paradigma que se ha caracterizado por su **inestabilidad**, de modo que se pueden recoger casos de usos irregulares de los PPA desde el castellano medieval.

La **consideración social** de estos fenómenos es **diversa**. El leísmo tiene tradición literaria desde los orígenes de nuestra lengua, aparece en el registro formal de muchos hablantes cultos, se impone puntualmente en diversos usos de hablantes distinguidores y predomina en las manifestaciones periodísticas en España. En la actualidad, la RAE lo admite solo para el masculino singular de persona, pero su presencia en plural es avasalladora. El laísmo, el loísmo y el leísmo de persona femenina y el de cosa sí están muy desprestigiados.

El **leísmo** es, de lejos, el más extendido de los tres. En general, el hablante leísta entiende que los pronombres *lo* y *los* designan cosas, de modo que, para un madrileño, un toledano o un abulense, no son adecuados para personas, y, en su variante diatópica, *Lo creí* significa que creí algo y *Le creí* que creí a un varón.

Cada vez está más extendido el **error que consiste en usar *le* para un referente plural**, y que solo se produce cuando el referente aparece tras el verbo, de modo que crece el número de hablantes que dicen o escriben ●*Le dije la verdad a tus padres*. Sin embargo, no leeremos ni oiremos *A ellos le dije la verdad*, o —¿*Qué hiciste con lo de tus padres?* —*Le dije la verdad*, porque en estos casos el sintagma preposicional complemento indirecto precede al pronombre.

Resulta muy habitual que con las **impersonales reflejas** se usen pronombres de **dativo** cuando el referente es masculino, aunque nos hallemos ante complementos directos: *Se informó a Juan* > *Se lo informó* o *Se le informó*. Sin embargo, si el referente es femenino se suele emplear el acusativo: *Se informó a María* > *Se la informó*. También resulta habitual el leísmo si el referente es una cosa, de modo que leeremos más veces *A este pronombre se le considera marca de pasiva refleja* que *A este pronombre se lo considera marca de pasiva refleja*.

Está muy extendido, especialmente en América, el empleo del **leísmo de cortesía**, que consiste en usar *le* o *les* en lugar de *lo, la, los* o *las* cuando al referente masculino se lo trata de usted: *Enseguida le atiendo, señor*. Si el referente es femenino, el leísmo es menos común, de modo que resulta más habitual *Ahora la atiendo, señora* que *Ahora le atiendo, señora*.

El **laísmo** fue muy común en la lengua clásica, y en el siglo XVIII la RAE lo favoreció abiertamente. Sin embargo, hoy su uso ha quedado restringido a ciertas áreas del centro y del norte peninsular, y su empleo se considera anormativo. Los hablantes laístas usan el laísmo tanto para personas (●*La* *encanta el tenis,* ●*El perro la ladró*) como para cosas (●*A esa blusa la he cosido las mangas*). El afán del laísta es marcar el género de lo sustituido, por encima del caso.

Encontramos **loísmos**, sobre todo, en hablantes leístas que se ultracorrigen (●*A su amigo lo mintió*), en expresiones propias de ciertas variantes diatópicas (*Les dije unas cosas a unas personas* > ●*Se los dije*, en México) o con los verbos que, en la actualidad, provocan serias dudas, en hablantes y gramáticos, acerca de si se combinan con dativos o con acusativos, como veremos a continuación.

6. Esos verbos malvados

Para el hablante común resulta descorazonador que lo acusen de laísta si escribe *A la abeja Maya la asustan las tormentas*, porque el *Diccionario de la lengua española* (RAE y ASALE), en adelante *DLE*, solo incluye dos acepciones para este verbo y ambas son transitivas que admiten uso pronominal. Luego *a la abeja Maya* y *la* tienen que ser el complemento directo. En estos casos el hablante encontrará una disculpa socorrida: *Cierto, soy laísta. Como la RAE y su DLE. Ni más ni menos*. No sé si para su desesperación o para su alivio, el *Diccionario panhispánico de dudas* (RAE y ASALE, 2005), en adelante *DPD*, le dará instrucciones contrarias.

El *DPD* enseña que los verbos que señalan procesos relacionados con el ánimo o las emociones reciben el nombre de **verbos de afección psíquica o psicológicos**. Estos son los que recoge la *Nueva gramática de la lengua española* (RAE y ASALE, 2009), en adelante *NGLE*, en 35.5l: *aburrir, agobiar, agradar, alegrar, asombrar, asustar, atraer, cansar, complacer, contentar, desagradar, disgustar, divertir, doler, encantar, entristecer, entusiasmar, escocer, estimular, extrañar, gustar, herir, interesar, irritar, molestar, obsesionar, ofender, pesar, preocupar, sorprender*. Puede comprobarse que la mayor parte admiten un uso pronominal que expresa voz media: nada sorprendente, puesto que esta voz se asocia, entre otras cosas, a las experiencias psicológicas.

En 35.5m leemos que «el rasgo más característico de los verbos de afección es el hecho de que su complemento indirecto designa al individuo que experimenta algo, en lugar de aquel a quien se dirige, se orienta o se transfiere alguna cosa. En el esquema sintáctico más común, la causa de la sensación o el sentimiento suscitado está representado por el sujeto. [...] No obstante, como se explicará en los epígrafes 35.8f, g, varios de estos verbos se construyen con complemento directo cuando la acción que expresan es intencionada».

El *DPD* aconseja lo siguiente:

- **Sujeto animado que realiza la acción conscientemente: acusativo**. *Mariano la asustó a propósito.*
- **Sujeto animado que causa la acción: dativo**. *A María le asustó Mariano por su mal aspecto.*
- **Sujeto inanimado delante del verbo: acusativo**. *Las tormentas la asustan.*
- **Sujeto inanimado detrás del verbo: dativo**. *Le asustan las tormentas.*

Como puede comprobar quien consulte el *DPD*, abundan expresiones como «es más frecuente» o «puede darse». Eso demuestra que no estamos ante un paradigma estable, sino ante tendencias que aún no han consolidado una norma definitiva, de tal modo que recomiendo la máxima prudencia con estos verbos antes de afirmar que nos hallamos ante un laísmo, un loísmo o un leísmo.

Los **verbos de influencia** expresan acciones que intentan influir en alguien para que realice una acción. La *NGLE* (16.9o) los clasifica en dos grupos. Los que se comportan como ***ordenar*** (*autorizar, mandar, impedir, permitir, prohibir...*) llevan complemento **directo de cosa e indirecto de persona**: *Le prohibieron las salidas nocturnas*. Los que se comportan como ***invitar*** (*animar, autorizar, convencer,* *obligar, incitar, forzar...*) se construyen con un **directo y un complemento de régimen**: *La invitaron a un bocadillo, La convencieron de su error.*

Los alumnos se acercan a ellos a menudo con un enfoque semántico, de modo que ante *La invitaron a una fiesta* señalan que *a una fiesta* es un circunstancial de lugar. Conviene hacerles reflexionar dos cosas:

1- La fiesta no es el lugar donde se produce la acción de invitar, de modo que no puede funcionar como circunstancial.

2- El verbo *invitar* tiene tres valencias, una de las cuales se realiza sintácticamente por medio de un complemento directo y otra por medio de un complemento de régimen.

Los **verbos causativos** constituyen una subclase de los de influencia: son transitivos que expresan la noción de causa. A veces los verbos ***hacer*** y ***dejar*** funcionan con significado causativo y significan, respectivamente, *obligar* y *permitir* (*Me hizo acompañarla, Me permitió acompañarla*). Suelen construirse con complemento **indirecto si el verbo subordinado lleva complemento directo, y con complemento directo en caso contrario**, de modo que lo recomendable es *A Hermione, Harry Potter la hizo cantar* y *A Hermione, Harry Potter le hizo cantar jotas, A Draco Malfoy, Dumbledore lo dejó cantar* y *A Draco Malfoy, Dumbledore le dejó cantar jotas.*

Centrémonos ahora en los **verbos de percepción**. La gramática tradicional tenía que recurrir al latín para explicar oraciones como *La oía respirar*. Se razonaba que teníamos un acusativo, sujeto de un verbo en infinitivo no concertado. Sin embargo, la oración se parece demasiado a *La oía contenta* como para que no sospechemos un paralelismo entre ambas, además de que resulta sencillo recurrir al rodeo que usamos para establecer la doble predicación y obtener *Él la oía y ella respiraba*, similar a *Él la oía y ella estaba contenta.*

El *GTG* clasifica en cuatro categorías los infinitivos verbales:

Clasificación de los infinitivos verbales según el *GTG*
(1) Los que aparecen en oraciones subordinadas: *Me gusta comer judías.*
(2) Los que aparecen en perífrasis verbales: *Debes comer judías.*
(3) Los sintagmas verbales que funcionan como complementos predicativos y suelen aparecer con verbos de percepción o causativos: *Le vi comer judías, Me hizo abandonar la sala.*
(4) Las oraciones independientes o no subordinadas: *No comer judías en el salón.*

La estructura de la que hablamos encaja en (3), los **sintagmas verbales que funcionan como complementos predicativos**, y que son habituales con los verbos de percepción (*Noté temblar a Phineas y Ferb*) o causativos (*Dejó comer judías verdes a Godzila*).

Aunque el *GTG* recoge que las construcciones (1) y (3) se han asimilado, también explica que no poseen las mismas propiedades sintácticas, y propone, para demostrarlo, que comparemos el comportamiento de las secuencias siguientes: Le sugirió abrir el paquete > Se lo sugirió; Le hizo abrir el paquete > *Se lo hizo.

No obstante, puesto que resultan gramaticales y normativas secuencias como *La vi salir* y *La vi que salía*, parece razonable deducir que ambas responden a la estructura de una oración subordinada sustantiva con función de predicativo. El problema en Secundaria es que resulta imposible justificar que existe un sintagma verbal que no forma parte de una oración. Por tanto, entendemos que, en estos ejemplos, **la oración subordinada sustantiva con verbo en infinitivo funciona como predicativo del complemento directo**. Y, puesto que hemos aceptado la posibilidad como oración normativa de *La vi que salía*, nos vemos obligados a aceptar que:

- sí existen las subordinadas sustantivas precedidas de conjunción que desempeñan la función de predicativo;
- sí existen las subordinadas sustantivas con verbo en infinitivo que desempeñan la función de predicativo.

De ahí a admitir que tenemos una sustantiva de atributo introducida por conjunción en secuencias como *Estaba que deseaba vomitar*, solo hay un paso, aunque la *NGLE* prefiere considerar que en estos casos nos encontramos con una construcción consecutiva cuyo segmento cuantitativo permanece tácito: *Estaba (tan enferma) que deseaba vomitar*. Si volvemos a ejemplos como los anteriores, podemos entender que en *La vi que deseaba vomitar* tenemos el equivalente a *La vi (tan bebida) que deseaba vomitar*, pero parece totalmente innecesario inventar elementos tácitos para justificar el análisis de *La vi que salía* como una consecutiva.

Y, para dar un paso más allá, aquí tenemos esta oración, en la que parece que una subordinada sustantiva precedida por conjunción funciona como atributo: *Que lo quieras no es que lo tengas*. Alguien me señala una posible relación con las copulativas enfáticas, pero hay que recordar que en estas debe aparecer forzosamente un segmento relativo (copulativas enfáticas relativas o ecuacionales) o un segmento condicional (copulativas enfáticas condicionales o ecuandicionales). Este ejemplo no cumple ninguno de los requisitos y resulta muy habitual: *Que me envíes flores no es que me quieras*

Por otra parte, un copulativa enfática relativa (*A quien quiero es a ti*) es la manifestación modalizada de un oración previa (*Te quiero a ti*), y lo mismo ocurre con cualquier copulativa enfática condicional (*Si lo digo es para ayudarte* viene de *Lo digo para ayudarte*). Eso no ocurre con oraciones como *Que grites más no es que tengas razón*: ni es enfática, ni procede de una oración previa que se ha modalizado.

Con los verbos de percepción, como *oír*, *ver*, *oler*, *sentir* o *escuchar*, el **complemento de persona es directo cuando el verbo subordinado no lleva su propio directo**: *La oí limpiar*. **Cuando sí lo lleva se alterna el uso de dativo y el de acusativo**: *A C-3PO lo vi leer un libro, A C-3PO le vi leer un libro*. Y no: no voy a discutir si C-3PO es animado o no, por soso que parezca. El *DPD* explica que esta alternancia posibilita transformaciones como *Oí a Pedro leer un poema > Se lo oí leer*, pero no *Oí a Pedro saludar a Juan > *Se lo oí saludar*. Esta última oración resulta agramatical, porque la transformación resulta imposible cuando el directo del verbo subordinado es de persona.

Explico a continuación mi hipótesis para este caso. Parece que en *A la princesa Fiona la oí cantar una canción* > *A la princesa Fiona se la oí*, *la* es el directo de un verbo *cantar* que permanece tácito. Al sacarlo de su posición viene a coincidir con otro pronombre de directo. Como la construcción **la la* es imposible, el hablante recurre a lo que conoce: sustituir el primer pronombre por *se*, como hace siempre que coinciden dos PPA de tercera persona. De hecho, normativa o no, es muy posible oír a un hablante la secuencia *La oí contarla* e imposible la secuencia **La la oír cantar*.

Esto es, que tenemos dos acusativos juntos, uno del verbo *oír* y otro de *cantar*. Una rareza similar a la que ocurre cuando se juntan un pronombre de acusativo y otro que sustituye a un predicativo, como en *Llamó bruto a Shrek* > *Se lo llamó*, y el único en el que un *se* sustituto de *le* funciona como complemento directo. No parece que la sustitución *A la princesa Fiona se la oí* demuestre que *a María* y *se* sean dativos. Este era el caso que anticipábamos antes: el único en el que *lo* sustituye a un predicativo; el único en el que un *se* sustituto de *le* funciona como directo.

7. ¿Por qué es tan importante el uso de los PPA?

Pongamos que nuestro nuevo iPhone aparece destripado en mitad de la carretera que da acceso al instituto, con sus entrañas de cobalto y microchip abiertas de par en par a la agresión del sol. No resultará para nosotros indiferente la causa del estropicio. ¿Se nos habrá caído? ¿Lo olvidamos en algún sitio y alguien lo secuestró? ¿Nos lo habrá robado nuestro compañero de clase para ejercitarse en la venganza? No, para nosotros no resulta trivial la respuesta. Necesitamos expresar con la mayor precisión si las cosas ocurren solas, o si alguien las realiza sin querer, o si alguien ejecuta la tarea a propósito. Qué importantes son para nosotros los matices de la responsabilidad que rodean cualquier acción o estado verbal, esto es, lo que llamamos agentividad.

Por eso resulta tan relevante reflexionar sobre el uso de los PPA: porque, entre otras cosas, permiten graduar los muchos escalones de responsabilidad que se barajan ante un suceso, una acción o un estado. Su estudio nos sirve para comprender si nuestros vecinos estiman que las sospechosas manchas en el suelo del portal se deben al nini del 5.º C, con sus pintas de perroflauta, y hasta qué punto lo consideran culpable. No es lo mismo *El suelo del portal se ha manchado, Han manchado el suelo del portal* o *Entre el mierda del cani y su novia choni han dejado el portal como una pocilga porque volvieron ayer potando*. Su estudio no sirve para resolver problemas prácticos, pero sí para comprender cómo los seres humanos cooperamos entre nosotros, cómo fisgamos, cotilleamos y observamos, para luego expresarnos por medio de la palabra.

El manejo de los PPA es lo más humano, lo más competencial que existe, porque nos permite expresar matices de una sutileza conmovedora, utilizando un número mínimo de elementos. Muchas oraciones permitirían varias lecturas para un ordenador desinformado, pero nuestro saber pragmático nos permite descodificarlas de forma correcta, como veremos enseguida.

Podrá argumentarse que ya dominamos el uso de los PPA sin necesidad de estudiar gramática, argumento correcto, pero pobre, porque sería tanto como sostener que resulta inútil estudiar el funcionamiento del hígado, porque este ya funciona sin necesidad de que reflexionemos sobre él, y que de eso ya se ocupan los médicos. Nunca comprenderé por qué este razonamiento no se aplica a los médicos (que solo ellos estudien el hígado), pero sí a los filólogos (que solo ellos estudien cómo nos las arreglamos para hablar de las cosas que suceden solas).

Un niño jamás se chivará diciendo *Se me ha roto el lápiz* (voz media: ha sucedido solo). Buscará el castigo del ofensor y acudirá gimiendo *Ese me ha roto el lápiz* (sujeto agentivo: ese merece la mayor de las regañinas, y por eso la fuerza belicosa del deíctico, y por eso la omisión de la omisión del sujeto, y por eso el índice se alza rencoroso). Sin embargo, si se le reprocha que haya roto el libro y no puede despachar sobre nadie la culpa, sin duda elegirá una voz media (*No, se me ha roto*), que indica que nadie ha producido el destrozo y no es preciso, por tanto, la aplicación de medidas correctivas.

En este libro y en clase afirmo muchas veces que la voz media expresa aquellas situaciones que suceden solas. Se trata de una afirmación demasiado simple, pero que funciona muy bien con los alumnos. En cualquier caso, debemos precisarla: cuando decimos que las cosas suceden solas queremos señalar que no interviene un agente, pero **la voz media exige una causa.**

Cuando afirmo *Me disgusté por tu falta de organización*, el estado de disgusto tiene sin duda una causa, pero no un agente. De hecho, alguien puede disgustar a otro, pero con sentido causativo: es decir, no se convierte en agente de la acción, sino en agente de la causa de la acción. Si digo *Me molestaron los gritos de Joker*, el malvado Joker es agente de la acción de gritar y sus gritos la causa de que yo me sienta molesto.

Sin causa, no hay voz media (aunque desconozcamos la causa): por eso en *Me llamo Gabriel* tenemos un pronominal, pero no una voz media. Te aburres por algo, te caes por algo, te atormentas por algo: sin agente, con causa. Pero no te llamas por algo, salvo que nos remontemos a la voluntad de tus padres ante el registro civil, y en caso de que el propósito del hablante sea reprocharles la ocurrencia a sus progenitores diría *Me llamaron Amarilis* (hermoso nombre, nadie se ofenda) y tendríamos un *me* sin más función que la de complemento directo.

Lo más curioso es que los hablantes han seleccionado para expresar algunos de estos matices tan sutiles los PPA, que iremos explicando con mayor detenimiento. Es el conocimiento del mundo que el hablante atesora, su **saber pragmático**, lo que le permitirá distinguirlos, por la situación, el contexto y su saber previo.

Así, en *La lavadora se ha estropeado*, el hablante identifica enseguida una de esas acciones que suceden solas (voz media), porque su conocimiento del mundo le permite comprender que las lavadoras carecen de la iniciativa que les permita estropearse a sí mismas (eso sería un uso reflexivo; en cualquier caso, démosles tiempo a las lavadoras y a la IA, y todo se andará), ni tampoco existen comandos de destrucción de lavadoras que pasen por las casas averiándolas (eso sería una pasiva refleja, y una canallada).

En *Se alquila apartamento*, el conocimiento pragmático del lector le permite comprender de inmediato que los apartamentos no se alquilan a sí mismos, pero sí pueden ser alquilados por alguien, de modo que no se encuentra ante un reflexivo, sino ante una pasiva refleja. Ese mismo conocimiento del mundo le permite interpretar que aquí *alquilar* significa *entregar a otro un inmueble para su uso a cambio de dinero* y no *disponer del uso de un inmueble de otro a cambio de dinero*. ¿Cómo podemos saberlo? Porque quien desea obtener dinero por su apartamento pone anuncios, pero quien paga dinero por usarlo no suele sentir la necesidad de comunicarlo a los cuatro vientos.

Cuando ve escrito en una tienda *Se venden libros*, el hablante sabe por experiencia que los libros no se venden a sí mismos, que el cartel no indica que varios sujetos se venden libros a sí mismos, ni los unos a los otros, y que sin duda alguien madruga cada día para encargarse de la venta. Es decir, que el sujeto, *los libros*, no realiza ninguna acción, y alguien realiza esa acción a diario usando los libros como tema: se trata de una pasiva refleja.

Fíjate en qué matices tan sutiles puedo expresar con un PPA. Si digo que Juan murió y luego afirmo que Pedro se murió, pero después cuento que ambos fueron asesinados, mi interlocutor me interrumpirá. *¿Pero no me habías dicho que Pedro se había muerto?* Porque, aunque *morir* es un verbo de por sí inacusativo (un tipo de verbos que tienden a figurar con sujeto no agentivo, salvo cuando expresan movimiento direccional), si prescindo del *se* no hago más que constatar que el bueno de Juan murió, sin señalar si las causas fueron o no naturales, de modo que ambas hipótesis son aceptables (aunque dolorosas). Sin embargo, si digo *Pedro se murió*, estoy excluyendo la posibilidad de que fuera asesinado. Escribo un *se* de voz media que me sirve para mostrar que las acciones suceden solas, por accidente, por su propia naturaleza, por necesidad. Lo mismo ocurre en el par *La Pantera Rosa cayó* / *La Pantera Rosa se cayó*.

En definitiva, para el hablante son muy importantes los usos de los PPA porque le permiten expresar distintos grados de agentividad. Estos son los grados de agentividad más habituales en nuestra lengua:

Clasificación de los sujetos según su grado de agentividad
1- **Agente**. Realiza la acción verbal de manera consciente. *Pumba ladra.*
2- **Causativo reflejo**. Un sujeto animado hace que otro realice la acción: se expresa por medio de un pronombre reflexivo. *Se ha operado del corazón.*
3- **Causativo no reflejo**. Un sujeto animado hace que otro realice la acción. *Ambrosio Espínola fortificó el paso del Rin.*
4- **Causa**. Un sujeto no animado produce una acción. *La tormenta hundió el barco.*
5- **Estímulo**. Un sujeto no animado produce un efecto en un ser animado. *El helado de turrón me encanta.*
6- **Estativo**. El sujeto ocupa un lugar en el espacio. *Permanecimos en Londres. Nos quedamos en casa.*
7- **Experimentador**. El sujeto no realiza la acción, pero tampoco se la realiza nadie. Se asocia a la voz media, que puede expresarse con un pronombre personal átono o no. *Los niños han crecido mucho. Cuánto me he divertido.*
8- **Paciente**. El sujeto recibe la acción verbal. *El embajador fue enviado en misión de paz.*

Con un *se* podemos expresar que el sujeto es tema (*Los trapos sucios se lavan en casa*), que es el causativo reflejo (*Se ha puesto un implante dental*), que realiza la acción sobre sí mismo de modo consciente (*Se miró en el espejo*), que no realiza la acción conscientemente, sino que le ocurre (*Se aburrió mucho*) y otros muchos matices.

8. Cuadro: usos especiales de los PPA

			Usos especiales de los pronombres personales átonos		
O	F	Tipo y formas	Pruebas		P
1	NP	**Impersonal**: *se*	No tiene sujeto, ni escrito ni tácito (debe existir un agente inespecífico, que no aparece escrito).		NO
2	NP	**Pasiva refleja**: *se*	1-El sujeto no realiza la acción. 2-Alguien se la realiza.		NO
3	NP	**Voz media**: *me, te, se, nos, os*	La acción sucede sola. Al sujeto le ocurre la acción: ni la realiza ni otro la realiza sobre él.		SÍ
4	NP	**Pronominal**: *me, te, se, nos, os*	1-El sujeto realiza la acción voluntariamente. 2-El pronombre resulta imprescindible. 3-No admite *a sí mismo* ni *el uno al otro*.		SÍ
5	CD/ CI	**Reflexivo**: *me, te, se, nos, os*	1-Admite que añadamos *a mí/ti/sí... mismo*. 2-El sujeto realiza la acción sobre sí mismo de manera consciente. 3-El sujeto realiza la acción sobre sí mismo desde fuera de sí mismo.		SÍ
6	CD/ CI	**Causativo**: *me, te, se, nos,*	El sujeto hace que otro realice la acción.		SÍ
7	CD/ CI	**Recíproco**: *nos, os, se*	1-Cada uno de los miembros del sujeto realiza la acción sobre los otros y la recibe de los otros. 2-Se puede añadir *el uno al otro*. 3-El sujeto es plural.		SÍ
8	CI Dat ét	**Dativo ético**: *me, te, nos, os, le, les*	1-Puede eliminarse sin que la oración cambie de significado. 2-El pronombre sirve para añadir afectividad o para enfatizar. 3-Antes de considerar un dativo ético, descartamos la voz media. 4-El sujeto NO coincide con el pronombre átono. 5-Este indirecto es ADJUNTO.		SÍ
9	CI Dat asp	**Dativo aspectual**: *me, te, se, nos, os*	1-Indica que la acción se ha realizado, o existe la intención de realizarla, hasta el final. 2- Es prescindible, pero muchas veces la oración suena más natural con él. 3-El sujeto coincide con el pronombre átono. 4-Este indirecto es ADJUNTO.		SÍ
10	CI	**Sustituto de *le/les***: *se*	Es un indirecto normal: ponemos el alomorfo *se* porque *le* y *les* son incompatibles con *lo, la, los, las*.		SÍ
-	CI	**Dativo benefactivo o malefactivo**: *me, te, le, nos, os, les*.	1-Indica la entidad que recibe el beneficio o el daño de la acción. 2-Lo consideramos un CI normal.		SÍ
-	CI	**Dativo simpatético**: *me, te, se, le, nos, os, les*	1-Indica posesión. 2-No lo incluimos en nuestra clasificación porque se solapa con otros usos.		SÍ

Para identificar los PPA te proponemos este cuadro, que permite sistematizar el orden de su búsqueda y las pruebas que aplicaremos para reconocerlos. A lo largo de este libro iremos razonando todas estas consideraciones, pero estimamos que encontrarlas disponibles desde el principio puede facilitar las explicaciones y evitar algunos errores.

En la columna O indicamos el orden de búsqueda. En la columna F indicamos la función: si se trata de un uso sin función oracional escribimos NP (núcleo del predicado). En la columna P indicamos si se trata de un uso paradigmático o no. En las dos últimas filas, sin número, incluimos los que excluimos en nuestra búsqueda.

9. Los papeles semánticos y su relación con los temibles PPA

Uno de los errores más graves que se cometen en Primaria y Secundaria cuando se explica sintaxis es la confusión entre funciones sintácticas y semánticas.

Entramos en una clase de 3.º de Primaria y encontramos a Marcos intentado distinguir el sujeto del predicado, mucho antes de que sus habilidades cognitivas le permitan realizar una prueba de concordancia. Y, si la realiza, será de forma mecánica, sin comprender qué está haciendo, por qué y para qué sirve. Tras un enorme esfuerzo, que en el futuro se mostrará, no ya inútil, sino contraproducente, Paula acaba aprendiendo que el sujeto se encuentra preguntando *¿quién?*, que realiza la acción y que va delante del verbo. Ni que decir tiene que, años después, sostendrá que el sujeto de *Me gustan las manzanas* es *me*, o *yo*, o *a mí*. Cuando luego se enfrente a secuencias como *Sé qué dijo*, afirmará que el interrogativo funciona como sujeto de *dijo*. Al fin y al cabo, va delante del verbo subordinado.

Vamos ahora a una clase de 1.º de la ESO y congelemos el momento histórico en el que Adela aprende que el complemento directo se busca preguntado *¿qué?* No necesitamos ser profetas para saber que, dentro de tres años, cuando le propongan que analice *Me duelen las muelas*, levantará la mano alborozada para gritarle al mundo que *las muelas* es el complemento directo. Tanto como *el trigo* en *Crece el trigo en los campos*, o como *tonto* en *Llamó tonto a Pedro*, puesto que todos ellos responden sin dificultad a la infalible pregunta.

¿Conviene enseñar a pescar a quien carece de fuerza para sostener la caña? ¿A quién beneficia tanto apresuramiento? ¿Alguien cree que un niño aprenderá mejor sintaxis si se la enseñamos antes de estar capacitado para comprenderla? ¿Quién ha diseñado esta secundarización de la Primaria y esta primarización de la Secundaria que tan nefastas secuelas graba en la formación de nuestros alumnos? ¿De verdad sirve de algo enseñar a buscar (mal) el sujeto en 3.º de Primaria, para luego dedicar nueve años a intentar desenseñarlo? ¿No sería mejor esperar a 3.º de ESO?

Todos los profesores deberíamos memorizar este mantra, para que al final penetre en el alma de nuestros alumnos: *Nunca hago preguntas al verbo porque es un mentiroso compulsivo*. Perdonadme, compañeros, pero repetiré lo que ya he escrito en otros libros: debería existir un espacio en el averno para quienes enseñen a buscar los complementos preguntándole al verbo.

Con las preguntas *¿quién?* y *¿qué?*, el alumno está rastreando, en realidad, funciones semánticas: la de agente o experimentante en el primer caso; la de tema o paciente en el segundo. Confundir a un niño de esta forma cuando está traspasando los primeros umbrales de la sintaxis es condenarlo casi eternamente a responder que en *Me sientan mal las aspirinas* el complemento directo es *las aspirinas*. Tenemos que evitar que el profesor se vea obligado a emplear más tiempo en desenseñar que en enseñar.

El *GTG* clasifica así las funciones semánticas: agente, paciente, receptor, experimentante, benefactivo o malefactivo, instrumento, origen, meta y ubicación. En mis clases incluyo también otras:

Funciones semánticas o papeles temáticos
Agente: realiza la acción de forma consciente. *Ana abrió las puertas. Las puertas fueron abiertas por Ana.*
Causa: motiva la acción, pero no la realiza conscientemente. *La puerta se abrió por el viento, El viento abrió la puerta.*
Paciente: la entidad animada afectada por el agente. *Ayudaron a Irene. Irene fue ayudada.*
Tema: la entidad no animada que recibe la acción del agente. *Ana abrió las puertas. Las puertas fueron abiertas por Ana.*
Destinatario o **receptor**: entidad animada que recibe algo. *Daniel envió una carta a Carmen. Una carta fue enviada a Carmen por Daniel.*
Experimentante: le ocurre algo. *Juan padece una enfermedad.* Suele asociarse con una entidad animada, pero el *GTG* reconoce que, por extensión, algunos nombres de cosa pueden asimilarse a los experimentantes: *Ese coche necesita mantenimiento.*
Estímulo: produce, sin quererlo, una sensación o un sentimiento en el experimentante: a diferencia de lo que ocurre con la causa, el estímulo no produce acciones. *Me gusta el chocolate con almendras, Me interesa tu oferta.*
Benefactivo o **malefactivo**: recibe un beneficio o un daño. *Le arreglaron el coche a Isabel.* El *GTG* identifica al destinatario o receptor con un argumento y al benefactivo con un adjunto.
Instrumento: objeto con el que se realiza la acción. *Selló la grieta con silicona.*
Origen: procedencia de un movimiento o un estado de cosas. *Viene de Cracovia.*
Meta: lugar o situación destino de un movimiento. *Llegó a Cracovia. Echó sal a la sopa.* En este segundo ejemplo, se distingue del destinatario porque es inanimado.
Ubicación: lugar donde está algo. *Vive en Alicante.*
Otros, que no aparecen en el *GTG*: **compañía, finalidad, tiempo, medida, modo, duración.**

Existen varios pares de funciones semánticas que se oponen por el rasgo animado frente a no animado: agente-causa, paciente-tema, destinatario-meta. Otros son recíprocos, porque la presencia de un papel requiere la de otro: el agente exige un paciente o un tema, la causa un experimentante o un estímulo. Eso no quiere decir que estas funciones deban aparecer forzosamente en el enunciado: por ejemplo, usamos a menudo la pasiva refleja o la impersonal refleja para evitar la mención del agente, sin que dejen de expresarse el paciente o el tema.

Por supuesto, las funciones semánticas tienen relación con las sintácticas, pero no existe entre ellas una correspondencia fija. En *Bart Simpson fue premiado por los profesores, Bart Simpson* es sujeto, pero no es agente, sino paciente. En *Bart estudia mucho, Bart* es sujeto y agente. En *Dora la Exploradora ha crecido mucho, Dora la Exploradora* es sujeto, pero no agente, sino experimentante.

Como en la formación de muchos de nosotros nunca ha figurado el aprendizaje de las funciones semánticas, conviene que nos preparemos para manejarlas con soltura en el aula.

Si queremos estudiar el uso de las funciones especiales de los PPA, esto es, aquellos casos en los que estos no funcionan como complemento directo o indirecto, o bien además de esta función aportan una información añadida reseñable, no hay más remedio que reflexionar acerca de las funciones semánticas, puesto que vamos a intentar razonar el grado de agentividad que presenta *me* o *se* en cada oración.

10. Impersonal refleja, pasiva refleja, voz media y pronominal

La *NGLE*, en 41.1a, define ***diátesis*** como «cada una de las estructuras gramaticales que permiten expresar los argumentos de un verbo y las relaciones que se establecen entre ellos» y ***voz*** como la manifestación morfológica y sintáctica de la diátesis, «más en concreto los exponentes de la flexión verbal que vinculan las funciones sintácticas de los verbos con las semánticas». El *GTG* define *voz* como «categoría gramatical que relaciona las funciones sintácticas que desempeñan los argumentos de un verbo con sus respectivas funciones semánticas» y explica que constituye una de las manifestaciones de la diátesis.

¿Qué significa eso, traducido al lenguaje que podemos usar en una clase? Que cuando cambia la diátesis se produce también una alteración en la relación que se establecía entre las funciones sintácticas y las semánticas. *Si escribo Marge descubrió las pisadas de Spider-Pig* y *Las pisadas de Spider-Pig fueron descubiertas por Marge*, obtengo dos oraciones de significado muy similar. En las dos el agente es Marge y el paciente son las pisadas, pero *Marge* conforma el sujeto de la primera y es parte del complemento agente en la segunda, mientras que *las pisadas* es el complemento directo en la primera y el sujeto en la segunda. Un significado, dos diátesis.

Si buscamos *diátesis* en el *GTG* encontraremos que su dificultad se marca como máxima (tres estrellas sobre tres). Sin embargo, la entrada *voz* (que incluye la pasiva y la activa) recibe una estrella (mínima dificultad) y la de *oración media* recibe dos. En esta última se establece la relación entre la oración media, la voz pasiva y la voz activa. Por razones de claridad didáctica, en clase emplearemos los tres términos, cuya relación estructurada explicita el *GTG*, como variantes de la voz: **voz activa, media y pasiva**.

El *GTG* afirma que **en la construcción media el sujeto no es un agente**, «sino el experimentante, o el tema o paciente de dicho proceso». Como vemos, no conviene comenzar a explicar los famosos *usos del se* si no se han dejado claras las diferencias entre funciones sintácticas y semánticas. En *Se desató la tormenta* tenemos un sujeto que hace de tema y en *Luis se asombró* un experimentante.

Me cuesta mucho asumir que el sujeto de una voz media pueda ser paciente, porque entiendo que solo tenemos el papel temático de paciente cuando existe el de agente, y la presencia de este es incompatible con el concepto de voz media, pero si tú, lector, encuentras un ejemplo y tienes la bondad de mandármelo por correo electrónico, los dioses te colmarán de predicativos. En realidad, lo que manifiesta la cita del *GTG* es la dificultad que supone la falta de acuerdo a la hora de nombrar las distintas funciones semánticas.

Aplicaremos las **funciones semánticas**, las **sintácticas** y la **voz** para explicar algunos de los posibles usos de los PPA, y añadiremos un cuarto elemento: reflexionaremos sobre nombres que remiten a **seres animados definidos** (el náufrago que se ha perdido, la Vieja´l Visillo, Anakin Skywalker) y sobre nombres que remiten a **seres inanimados o no definidos** (un islote, caballeros *jedis*, un *longboard*, náufragos). Juntamos a los alumnos de cuatro en cuatro y les damos pistas para que crucen los datos que se les han ofrecido. Con un poco de ayuda del itinerante profesor, no tardan mucho en alcanzar conclusiones (y en calentarle la cabeza con alguna invención disparatada).

Cuando tengo un **nombre inanimado o un animado no definido** (cuarto concepto), **no le pongo la *a* delante y hay concordancia con el verbo** (prueba sintáctica): *Se venden dos longboards, Se contratan caballeros jedis para el rescate de mundos tiranizados, Se vio a la Vieja'l Visillo escondida en las tinieblas.* Ese sujeto, no realiza la acción, no es agente, y, además, alguien realiza la acción sobre él: es paciente (relación de la sintaxis con las funciones semánticas). Cuando tenemos un **sujeto** (sintaxis) **paciente** (semántica) y el **verbo aparece precedido de *se*** (voz), **se trata de un pasiva refleja.**

Sin embargo, cuando tengo un **nombre animado definido** (cuarto concepto) le pongo **delante *a*** y **no hago concordancia con el verbo** (prueba sintáctica): *Se contrató a Anakin Skywalker para el rescate de mundos tiranizados.* Aunque la oración no tenga sujeto, existe un agente que puedo imaginar (relación de la sintaxis con las funciones semánticas), puesto que alguien contrató al noble Anakin: se trata de un agente no específico. Aquí no puedo hablar de pasiva, porque no hay sujeto (reflexión sobre la voz y la concordancia). Se trata de una **impersonal refleja**, y también puedo emplearla con verbos no transitivos: *En el IES García Morato se liga mucho, En esta empresa se es serio.* Ya hemos conseguido explicar el misterio hilando los cuatro elementos.

Observamos que en estas oraciones podemos encontrar predicaciones extrañas. Si encuentro *Se vive bien sola*, ¿de quién está predicando *sola*, un femenino, si no hay sujeto? Algunos gramáticos infieren que predica del sujeto semántico. De nuevo nos encontramos el problema que venimos señalando: la confusión de las funciones semánticas con las sintácticas. Si no hay sujeto (sujeto es un concepto sintáctico), nada puede predicar del sujeto: el adjetivo *sola* predica de la función semántica de experimentante. En *Se nada bien sola*, el adjetivo predica de la función semántica de agente. Es incoherente señalar que predica de un sujeto tácito, porque tácito significa que se puede recuperar por el contexto, de modo que podamos expresarlo de forma fonética o escrita, y la oración **Las mujeres, en general, se vive bien sola* es agramatical.

Esta afirmación no pretende negar que oraciones como *Llaman a la puerta, Eso lo venden en Amazon, Si te pica, te rascas, Uno sabe que la solución no es la pasividad* sirvan para reflexionar en clase. Sirven y deben usarse. Si yo digo *Te llaman al móvil*, en principio, ¿cuántas personas presupongo que te llaman? Aunque la tecnología permite que una legión de colegas te telefonee a la vez, la experiencia nos recuerda que quien llama, estadísticamente, suele ser solo una persona. Entonces, ¿por qué usamos un plural?

Algunos deducen que aquí tenemos una prueba de que la oración es impersonal (concepto sintáctico), cuando lo que demuestran es que el agente es inespecífico (concepto semántico), y el español permite expresarlo (morfológica y sintácticamente) por medio de la segunda persona del singular (*Si te sale un grano en la nariz, molesta mucho*), de la tercera del plural (*Han dicho en la tele que se acerca una ola de calor*), de la tercera del singular con sujeto expreso (*Uno nunca sabe cuándo parar*), de la pasiva refleja (*Se abrirán las puertas a las 12*) y de la impersonal refleja (*Se castigó a los delincuentes*).

Cuidado, porque en ocasiones se enseña a localizar la pasiva refleja explicando que equivale a una pasiva perifrástica. Quien lo dice no miente, pero induce a la confusión, porque en *Se eligió tesorero a Obi-Wan*, el alumno, con buena lógica, pensará que, puesto que equivale a *Obi-Wan fue elegido tesorero*, nos encontramos ante una pasiva refleja, cuando se trata de una impersonal.

Todavía nos falta una pequeña reflexión, puesto que decimos que tanto en *Nieva* como en *Se pelea bien con ese sable láser* nos encontramos con verbos impersonales. Para explicar por qué funcionan de forma diferente, tenemos que recurrir de nuevo a los papeles semánticos. En *Llueve* no hay agente, pero sí lo hay en *Se pelea bien con ese sable láser*: alguien tiene que pelear con él para que la acción se realice. Así que la clase nos ha servido para comprender que llamamos **oraciones impersonales** a, al menos, **dos construcciones diferentes**.

Bosque y Gutiérrez-Rexach, en *Fundamento de sintaxis formal* (2009), explican que «el **sujeto tácito de las oraciones impersonales con *se* posee un carácter argumental y contenido semántico**», que «está **restringido a una interpretación inespecífica o indeterminada**» y que «está restringido a las personas». Entendemos que la cercanía entre los humanos y nuestros hermanos los otros animales justifica oraciones como *Se ha operado al perro* o *Se ha errado a la mula*. Preferimos pensar que está **restringido a entidades animadas**.

Parece que últimamente se imponen criterios que mezclan lo semántico con lo sintáctico. Se dice que en *Llaman a la puerta* (es el ejemplo que discute el *GTG*) tenemos una oración impersonal (impersonal eventual), puesto que la oración muestra un sujeto tácito de interpretación inespecífica. El razonamiento nace ya viciado e inaplicable en Secundaria. ¿De verdad vamos a explicar que existen impersonales con sujeto tácito? Disparatado. En este libro, **cuando escribimos sujeto nos referimos exclusivamente al sintáctico**, al gramatical: cuando deseemos referirnos a lo que algunos llaman sujeto semántico usaremos el papel temático que le corresponda, casi siempre agente.

Un argumento similar se usa para justificar que tanto las pasivas reflejas como las impersonales son impersonales, por más que en el caso de las pasivas reflejas exista concordancia con un elemento nominal. En Secundaria resulta de extrema importancia **distinguir entre impersonalidad sintáctica y lo que se llama impersonalidad semántica**, que alude a aquellas estructuras en las que encontramos sujetos tácitos de interpretación inespecífica, como ocurre en *Cuando te entra hipo pasas un mal rato*, *Eso lo cantan en mi pueblo* o *Se buscan Nimbus 2000 a buen precio*.

El *se* de **pasiva refleja** o el **impersonal** «ya no entra en oposición con *me, te, nos, os*», porque ni «es un reflexivo ni desempeña función nominal», como explica Gómez Torrego en su *Gramática didáctica del español* (1997). Así que estas formas **no paradigmáticas** de *se* no tienen más función que ayudar a significar al verbo: ni son directo, ni son indirecto, ni asumen ninguna de las otras funciones que estudiamos dentro del predicado. Algunos profesores las separan del verbo y otros, como yo, preferimos indicar que forman parte del núcleo verbal.

Forman parte del núcleo verbal... ¿en condición de qué? La respuesta parece sencilla. Si alguien nos pregunta cuál es el núcleo verbal en *Una nueva vacuna ha sido patentada*, ¿cuál diremos que es? *Ha sido patentada*. «Pero si me pides que lo busque en el diccionario, lo que encuentro es el verbo *patentar, ha* y *sido* son otros verbos», esgrime Samuel con el colmillo afilado. «Cierto, tanto el verbo *haber* como el verbo *ser* son solo morfemas verbales que expresan el tiempo, el modo, el aspecto, la voz...». Creo que todos, incluso Samuel, daríamos por buena la respuesta. ¿Qué función desempeñan los *se* no paradigmáticos que usamos para formar la pasiva refleja y la impersonal refleja? Pues morfemas verbales que expresan la voz. Si en *Fue patentada la vacuna* no tenemos dudas en señalar que el núcleo verbal es *fue patentada*, no veo qué problema surge para sostener que en *Se patentó la vacuna* el núcleo verbal es *se patentó*. Tanto el *se* de voz media, como el de impersonal marcan la voz del verbo y la diátesis de la oración.

Por supuesto, como siempre nos ocurre en nuestra disciplina, encontraremos usos que se escapen de la norma y zona fronterizas. Si alguien elabora un cartel para buscar a su gato, que se ha extraviado, posiblemente escribirá en él *Se busca gato perdido*. El redactor de la oración busca a su gato, un ser animado y perfectamente definido, específico e individualizado, pero ha recortado la expresión, como corresponde al estilo habitual de los carteles. Si no se tratara de un cartel, la secuencia esperable sería *Se busca a un gato perdido*. Si se decidiera a escribir su nombre, elegiría *Se busca a Micifú*, y no *Se busca Micifú*: de decantarse por la última opción, todos pensaríamos que el único requisito que ha de cumplir el felino que busca es llamarse Micifú, no ser su gato. Si son dos los gatos que no aparecen, el desdichado redactor podrá escribir *Se busca gatos perdidos* o *Se buscan gatos perdidos*. Por tanto, podemos deducir que *Se busca gato perdido* puede interpretarse como pasiva refleja o como impersonal indistintamente. El lenguaje de los carteles da para otro libro.

¿Servirá también la explicación de la pasiva refleja para *Se ha averiado la televisión*? Ahora tenemos un *se* y un complemento que se refiere a un ser no animado, pero no hay pasiva refleja. «¡Por qué!» —se agitan atormentados todos los alumnos. Porque no tenemos agente, ni escrito, ni escondido: la televisión se ha roto sola, por su propia naturaleza (ay, la obsolescencia programada), por un desdichado accidente (ya sabía yo que no era buena idea echarle limpiacristales en las ranuras), por su pésima calidad (ya te dije que una televisión de esa marca no iba a durar, pero tú nunca me escuchas), por una inesperada subida de tensión. Como tenemos sujeto (lo inferimos por la concordancia: **Las televisiones se ha estropeado*), no se trata de un uso impersonal; como no tenemos agente, ni escrito ni escondido, no se trata de una voz pasiva. «¿Qué es esto, por todos los dioses?»

Acabamos de descubrir el fantasmal universo de los **sucesos sin agente**, donde un *se* puede indicar que algo sucede solo, aunque nunca se hayan ocupado de ello en *Cuarto milenio*. Acabamos de toparnos con la **voz media**. Hay verbos que expresan esa misma idea sin necesidad de un *se*: *Cuánto <u>ha crecido</u> Luke Skywalker, se maravilló Darth Vader, ¿<u>Nació</u> en Carabanchel o en Naboo?* Muchos de estos verbos de sujeto no agentivo se llaman inacusativos. Otros, sin embargo, solo expresan voz media con el PPA. En *Carmen divirtió a los niños* *durante seis horas* tenemos un verbo causativo, cuyo sujeto, Carmen, debe de haber terminado fundida haciendo que los niños se divirtieran. En *Carmen se divirtió durante seis horas* no hay agente ni verbo causativo: tenemos una voz media.

Algunos alumnos dicen que *divertirse* es un verbo que sí implica una acción consciente: yo les permito que pleiteen contra quienes defienden lo contrario y voy introduciendo argumentos sin que se note mucho, hasta que comprenden que, si eso fuera cierto, siempre elegiríamos divertirnos y nunca aburrirnos; así, tú te estarías divirtiendo enormemente con este libro plúmbeo y mis alumnos sentirían el efecto del soma durante mis clases. No, pequeños saltamontes: divertirse y aburrirse son cosas que te pasan, no cosas que tú haces.

De repente se alza en clase la voz de Martirio, esa alumna recalcitrante que se niega a admitir que *caerse* sea una voz media, porque defiende que se trata de una acción que realiza el sujeto. Le pido que se caiga y ella se tira. Todavía ninguna Martirio ha conseguido caerse voluntariamente en clase. Sin embargo, yo sí puedo cantar, bailar y saltar, y lo hago, disfrutando de la sorpresa de mis estudiantes ante el misterioso comportamiento de un profesor, a quien se le supone seriedad, porque esos verbos sí que son agentivos (bien transitivos, bien inergativos).

De los verbos inacusativos se ha dicho que llevaban sujeto no agentivo. Tal observación funciona con muchos de ellos, como *florecer*, *desaparecer* o *hervir*, pero fracasa con los verbos de movimiento direccional con sujeto animado. Si decimos *El autobús va con retraso* podemos admitir que el sujeto no es agente, pero parece difícil sostener lo mismo en *Sandokán fue a Mompracén porque le dio la gana*, en *El capitán Nemo se dirigió al fondo del mar porque le apetecía* o en *Vine a Comala porque me dijeron que acá vivía mi padre, un tal Pedro Páramo*.

Hace tiempo emprendí una cruzada para demostrar que en *Abrí la nevera y descubrí que la leche se había acabado* ese *se* indica voz media. Silvia, la más enconada y rebelde de las enemigas, buscaba mil razones para justificar que se trataba de una pasiva refleja, porque alguien había acabado la leche. No, Silvia. Para empezar, ese segundo uso de *acabar* es causativo, a diferencia del que abordamos; para continuar, mientras la causa origina acciones de forma inconsciente, el agente las realiza de forma consciente: los hijos (han sido los hijos, sin duda, esos seres incapacitados por alguna misteriosa tara hereditaria para reponer lo que se termina en el frigorífico) son la causa que produce el acabamiento de la leche, no su agente, aunque sí son el agente del acto de beberla; para terminar, la leche se ha agotado por su propia naturaleza finita y efímera. Repito: los hijos son la causa de *acabar* y el agente de *beber*.

Si un verbo que habitualmente aparece en voz media nos permite su uso en imperativo, deja de ser voz media para convertirse en pronominal, puesto que el imperativo exige agentividad. Si le digo a un niño *¡Crece!* o a un geranio *¡Florece!*, ya no se trata de voces medias; y lo mismo ocurre en *Acuérdate de lo que ocurrió* o en *No te sientas mal*. Ahora tenemos sujetos agentivos (otra cosa es que el niño logre crecer, el geranio florecer, el despistado acordarse o el que ha suspendido sentirse bien) y, si aparecen los PPA, funcionan como pronominales.

El *se* de **voz media** sí entra en oposición con sus pronombres hermanos (es **paradigmático**), de tal modo que podemos encontrar *El móvil se ha estropeado, Me rompí el brazo jugando, Te diviertes en clase de Lengua* (sí, amigos, los friquis existen), *Nos dormimos en mitad de la peli, ¿Os acordáis de aquella fiesta?* Funcionan como marca de voz media *me, te, se, nos* y *os*.

Conviene señalar que algunos profesores explican este pronombre como pronominalizador o como intransitivador, y que ninguna de las tres formas de analizarlo es incorrecta: cada una insiste en una cualidad de ese pronombre. En *Me asusté*, tenemos un verbo con forma pronominal (*me* coincide con el sujeto y no desempeña la función de directo ni de indirecto), aparece un pronombre que evita que un verbo que suele ser transitivo reciba un directo y encontramos una expresión que carece de agente.

¿Por qué va a ser una de estas tres visiones incorrectas? ¿Por qué las vamos a entender como incompatibles entre sí? El alumno debe reflexionar hasta comprender que el mismo fenómeno lingüístico puede ser considerado, estudiado y etiquetado desde diferentes perspectivas, del mismo modo que podemos establecer una clasificación de coches atendiendo a su color, a su marca, al combustible que consumen... Sin embargo, como dijimos antes, intentaremos que los usos que les explicamos no se solapen entre sí durante la Secundaria, de modo que nos inclinaremos por el análisis como voz media.

Para introducir una **impersonal refleja** (*Se mencionó a Obi-Wan Kenobi*) solo sirve el pronombre *se* (**no es paradigmático**). Es **imposible encontrar un sujeto concordante** (función sintáctica), ni escrito ni tácito. Existe un **agente inespecífico, que no puede aparecer escrito** (función semántica): *Se detendrá al fugitivo Han Solo, Se enseña a hablar (Firmado: Yoda), *Un grupo indeterminado de stormtroopers se detendrá a Han Solo*. Si el verbo es **transitivo**, el complemento directo puede ir precedido de *a* y ser un nombre de entidad animada definida (*En Alderaan se teme a Dart Vader*), pero también podemos elaborar impersonales reflejas con verbos **inergativos** (*En la cuarta luna de Endor se vive bien*), **inacusativos** (*Al IES Nicolás Copérnico se llega en tranvía*) e incluso con **copulativos** o **semicopulativos** (*En los Stormtroopers se es serio o se termina como comida de Jabba el Hutt*).

Para introducir una **pasiva refleja** (*Se mencionaron sus méritos*) solo sirve el pronombre *se* (**no es paradigmático**). Existe un **sujeto**, que concuerda en número con el verbo (función sintáctica), que ejerce la función semántica de **tema** o de **paciente**. El sujeto es un nombre de una **entidad inanimada** (tema: *Se enseñan canciones populares del planeta Tatooine*) o de una **entidad animada no definida** (paciente: *Se necesitan jedis en buenas condiciones*); si es animado definido, el hablante optará por una impersonal refleja (*Se necesita a los dos jedis que estaban en buenas condiciones*). Existe un **agente** (función semántica), que debe ser **inespecífico** y **no puede aparecer escrito**, salvo en excepciones del lenguaje judicial y periodístico cuya normatividad se discute (*Se aprobará la enmienda por el Senado*).

Para introducir una **voz media** sirven los pronombres *me, te, se, nos, os* (son **paradigmáticos**): *No conviene que Chewbacca se enfade, ni que te asustes tú.* Existe un **sujeto** cuya función semántica es la de **experimentante** (animados) o **tema** (inanimados). La **acción sucede sola**, por su propia naturaleza, por sí sola, por azar: *C-3PO se muere de miedo, Se estropeó la palanca de hiperespacio del Halcón Milenario.* En la voz media **no podemos encontrar agente, pero sí causa**: *La palanca se atascó por el óxido.*

Mis alumnos, como he dicho, son de Madrid, de modo que es difícil que uno de ellos escriba *Se vende escobas voladoras.* No obstante, es necesario explicar que este uso resulta habitual en otras variantes diatópicas, especialmente en muchos países de América, y que no se considera anormativo. Por eso, cuando aparezca *Se vende escoba voladora*, admitiremos como correctos tanto el análisis de pasiva refleja como el de impersonal refleja, si bien nosotros elegiremos preferentemente la pasiva. Sin embargo, en *Se venden escobas voladoras*, existe concordancia entre un sintagma nominal y el verbo, de modo que tenemos un sujeto y debemos descartar la impersonal: se trata de una pasiva refleja.

Cuando el tema aparezca en forma de oración subordinada sustantiva (*Se dijo que Dart Vader acudiría disfrazado de lagarterana*) siempre serán posibles las dos opciones, porque no podremos demostrar la concordancia. En cualquier caso, en español de España preferiremos el análisis como pasiva refleja.

Aprovechamos la circunstancia, además, para recordar a nuestros alumnos la importancia de que se acostumbren a consultar sus dudas en las publicaciones de **Fundéu** y les enseñamos cómo llegar a la búsqueda en la que se trata este asunto: https://www.fundeu.es/consulta/se-vende-o-se-venden-16772/. También es buen momento para hablarles del *DPD* y mostrarles cómo pueden usar la versión en línea. En la entrada https://www.rae.es/DPD/se pueden comprobar si les hemos estado mintiendo durante la clase, como cuando les dijimos que el león era el rey de la selva.

Fundéu, *Se vende*

RAE, tipos de *se*

Verbo pronominal es una etiqueta tan profusamente utilizada que, a fuerza de significar tanto, ya no significa nada: lo que ha ganado en extensión lo ha perdido en intensión. Demostrémoslo. El *DLE* define así el concepto: *1. m. Gram. verbo que se construye en todas sus formas **con pronombres reflexivos átonos que no desempeñan ninguna función sintáctica y que concuerdan con el sujeto**; p. ej., me arrepentí, se levantó.* «Excelente, excelente», se repite en clase el profesor, golpeteando sus dedos como el señor Burns. Ahora vamos a buscar la definición del verbo lavar: *1. tr. Limpiar algo con agua u otro líquido. U. t. c. prnl.*

Puesto que no existe modo alguno de colocarle a *lavar* un PPA que coincida con el sujeto sin que este desempeñe la función de directo o indirecto, debemos asumir que el *DLE* contradice su propia definición de *verbo pronominal*: en *Han Solo se lavó* no podemos tener un uso pronominal, puesto que *se*, reflexivo, funciona como complemento directo.

Entre los pronominales hay algunos que aman tanto a su pronombre que no pueden existir sin él: *quejarse, abstenerse, suicidarse, vanagloriarse, atreverse* (que puede considerarse voz media). A estos que jamás salen a una oración sin su pronombre puesto los llamaremos **inherentes**. Hay otros mucho más independientes, a los que llamaremos **alternantes**. Puedo dirigirme a Toledo o dirigir una orquesta, puedo llamar a Mario o llamarme Mario, puedo levantar la cama o levantarme de la cama.

También hay verbos que presentan esta dualidad, pero que ya hemos clasificado como voz media: puedo acordarme del alquiler o acordar el alquiler con el inquilino, puedo sentir la lluvia contra la ventana o puedo sentirme feliz oyendo la lluvia contra la ventana, puedo aburrir a mis hijos con mis batallitas o puedo aburrirme oyendo las batallitas de mis hijos.

La tradición ha llamado verbos **doblemente pronominales** a aquellos que no pueden funcionar sin dos pronombres: *Se me olvidó, Se nos antojó*. En los dos casos citados, tenemos un *se* pronominal y otro PPA que funciona como indirecto, de modo que carece de un uso especial. Podemos comprobar que en estos ejemplos *se* no es paradigmático y sí lo es el segundo pronombre: por esa razón, este *se*, desde una perspectiva sincrónica, no es un pronombre.

Distinto es el caso de *Se las arregló, Me las apañé, Se las hubo* con el cobrador, *Te las ingeniaste* para salir indemne. En estos ejemplos ambas partículas carecen de función oracional, de modo que las analizaremos con el verbo, como una locución, y señalaremos que este es pronominal. En los años 70 Lola Flores puso muy de moda aquel *¿Cómo me las maravillaría yo?* El análisis sería muy similar.

Nuestro concepto de la **pronominalidad** se basará en los criterios siguientes: el **sujeto realiza la acción** (así lo distinguimos de la impersonal, la pasiva, la media y el causativo), **no podemos añadir** *a sí mismo* (así, del reflexivo) **ni** *el uno al otro* (del recíproco), el **pronombre señala a la misma persona que el sujeto** (del *se* sustituto de *le* y del dativo ético) y **no podemos prescindir del pronombre** (del dativo ético y del aspectual). Conviene que sean ellos los que vayan llegando a estas conclusiones, ejemplo a ejemplo.

11. El poder del algoritmo: átonos sin función oracional

A menudo escuchamos que los algoritmos de Amazon, de Google o de Facebook nos conocen mejor que nuestra madre. Seguramente es cierto. Tal condición dota al algoritmo de poderes mágicos y sobrenaturales, sobre todo para quienes no comprendemos bien en qué consiste su esencia. Y, sin embargo, un algoritmo es lo más sencillo del mundo: un conjunto de pasos sistematizados que nos permite llegar a conclusiones.

Cuando compramos un billete de metro en un dispensador automático nos enfrentamos a algoritmos. En primer lugar, debemos presionar la pantalla y elegir si tomaremos un billete sencillo, un bono de diez, un viaje de ida y vuelta. A continuación, señalaremos nuestra estación de destino. Después decidiremos si pagamos en metálico o con tarjeta... El conjunto de todos estos pasos determinará el resultado final: un billete de tren con dirección a Parla o a Las Águilas, la devolución de un cambio determinado, una respuesta del tipo *Operación no autorizada...* Ahora vamos a usar el poder del algoritmo para enfrentarnos a la identificación de los usos especiales de los pronombres átonos.

Recordemos que los cuatro usos especiales que vamos a rastrear ahora carecen de función. Pongamos a funcionar nuestro algoritmo, que queda reflejado en la tabla II:

1- **Es un uso especial** (tabla I).
   Cierto: paso a 2.
   Falso: CD o CI.
2- **No puedo encontrar un sujeto.**
   Cierto: IMPERSONAL REFLEJA.
   Falso: paso a 3.
3- **El sujeto no realiza la acción conscientemente. Alguien se la realiza.**
   Ciertas ambas: PASIVA REFLEJA.
   Alguna de las dos es falsa: paso a 4.
4- **El sujeto no realiza la acción conscientemente. Nadie se la realiza.**
   Ciertas ambas: VOZ MEDIA.
   Alguna de las dos es falsa: paso a 5.
5- **El sujeto realiza la acción conscientemente. No admite como refuerzo** *a sí mismo* **ni** *el uno al otro*. **El pronombre resulta imprescindible.**
   Ciertas ambas: PRONOMINAL.
   Alguna de las dos es falsa: el pronombre tiene función.

El sistema propuesto es el que da mejor resultado en clase, porque nuestros alumnos no siempre han desarrollado la capacidad de manejar la información de forma sistemática. Si se desea usar los algoritmos de forma más rigurosa, el procedimiento sería el siguiente (tabla III):

1- **Se trata de un uso especial** (tabla I).
   Cierto: paso a 2.
   Falso: CD o CI.
2- **Puedo encontrar un sujeto.**
   Cierto: paso a 3.

Falso: IMPERSONAL REFLEJA.

3- **El sujeto realiza la acción conscientemente**.
Cierto: paso a 5.
Falso: paso a 4.

4- **Alguien realiza la acción sobre el sujeto**.
Cierto: PASIVA REFLEJA.
Falso: VOZ MEDIA.

5- **No es posible añadir** *a sí mismo* o *el uno al otro*. **El pronombre es imprescindible**.
Cierto: PRONOMINAL
Falso: debemos consultar el cuadro de los pronombres con función.

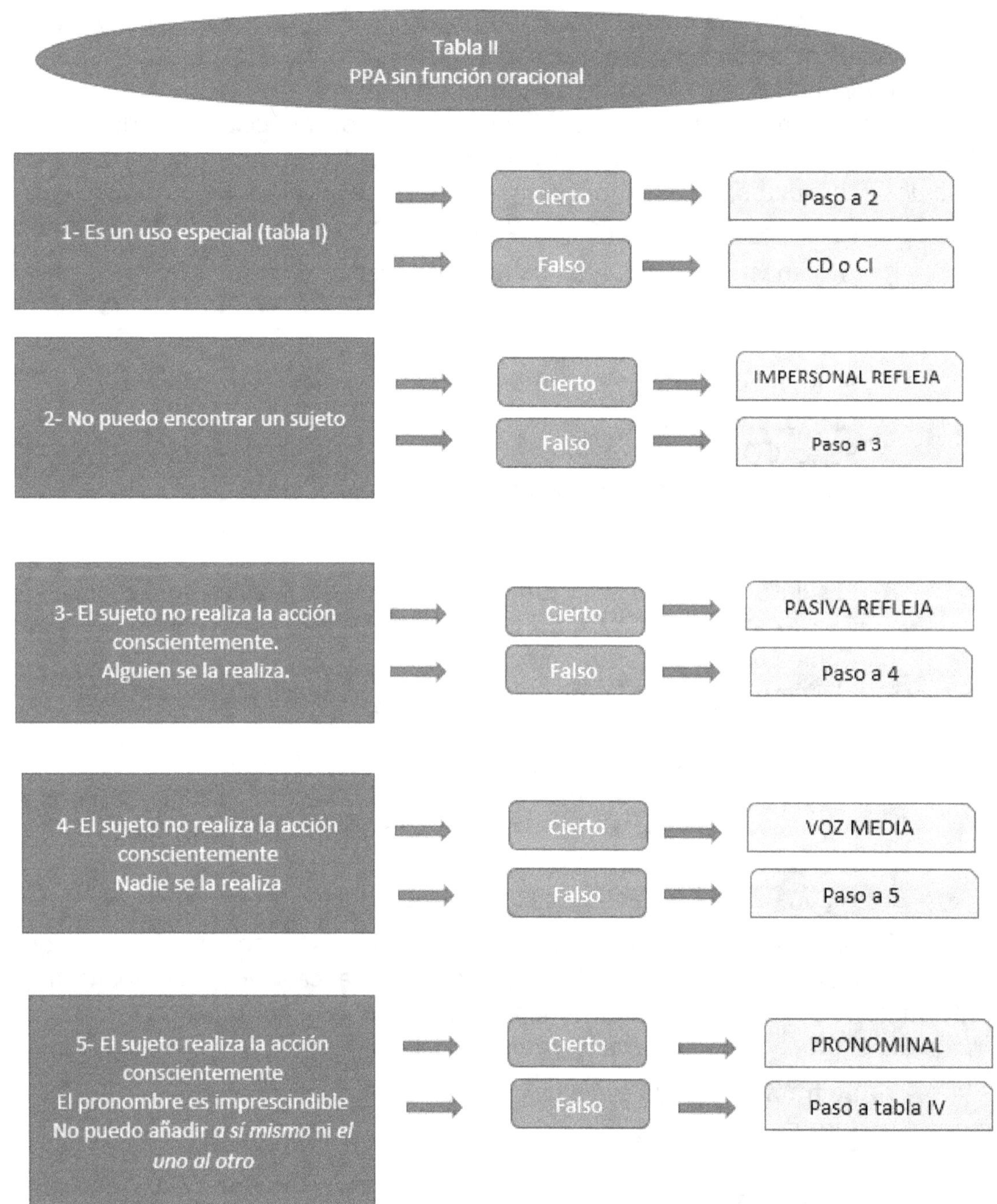

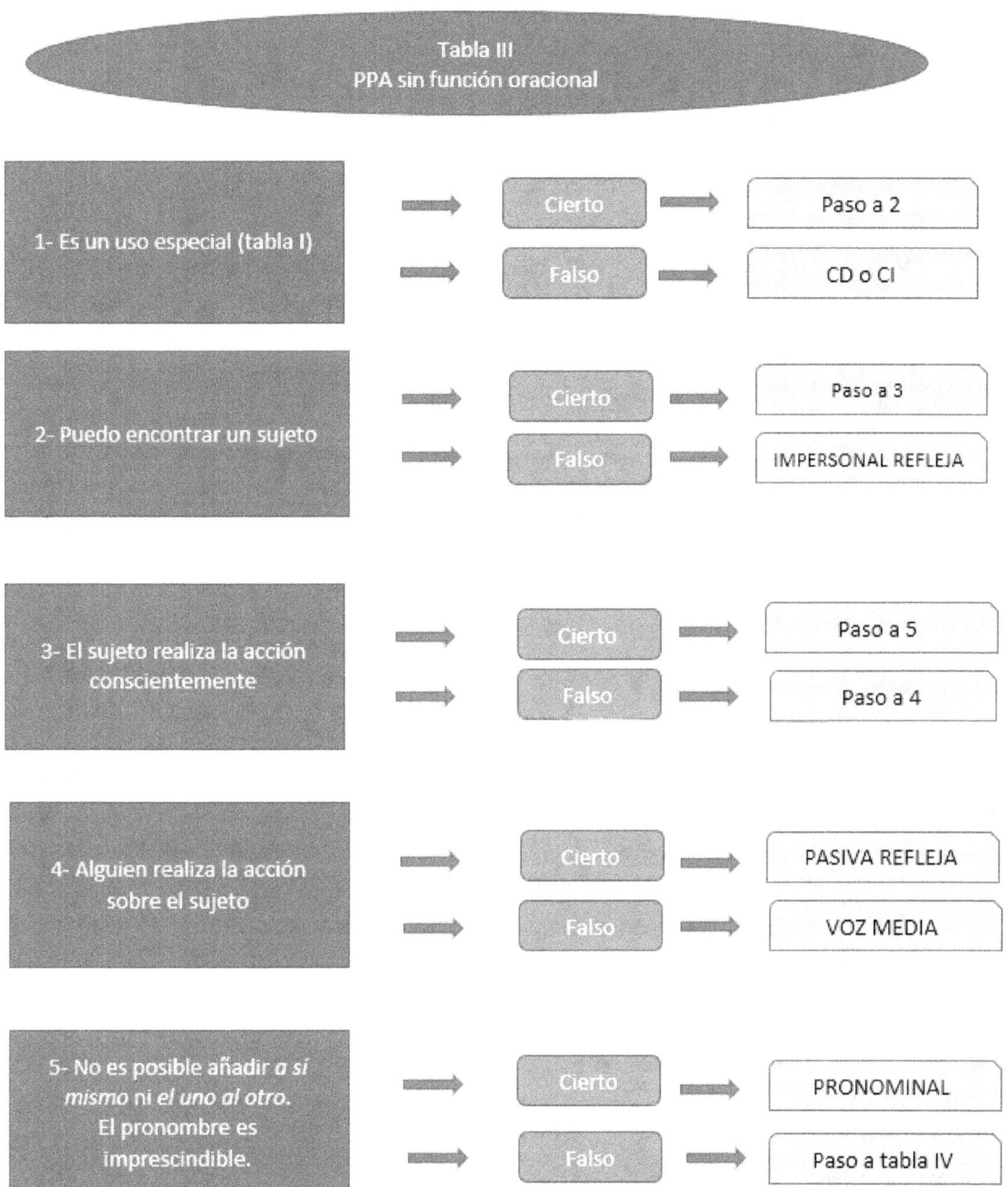

Tabla III
PPA sin función oracional
1- Es un uso especial (tabla I)
Cierto
Paso a 2
Falso
CD o CI
2- Puedo encontrar un sujeto
Cierto
Paso a 3
Falso
IMPERSONAL REFLEJA
3- El sujeto realiza la acción conscientemente
Cierto
Paso a 5
Falso
Paso a 4
4- Alguien realiza la acción sobre el sujeto
Cierto
PASIVA REFLEJA
Falso
VOZ MEDIA
5- No es posible añadir a sí mismo ni el uno al otro. El pronombre es imprescindible.
Cierto
PRONOMINAL
Falso
Paso a tabla IV

12. Reflexivos, causativo y recíproco

«A ver, chicos, si digo ¿*Lucía y Alba se miran*?, quiero decir que cada una mira a la otra o que cada una se mira a sí misma». Al principio vence la primera idea, pero poco a poco se abre paso la segunda. «Y qué ocurre si digo ¿*Lucía y Alba se miran en el espejo?*». Cunden las dudas y las seguridades se resquebrajan. Buen momento para comenzar el razonamiento.

Veamos oraciones en las que **el sujeto es agente y paciente a la vez**. Si a la oración puedo añadirle *a mí misma* (o cualquiera de las variantes que obtenemos flexionando el pronombre) tenemos una **reflexiva**; si puedo añadirle *la una a la otra* (o sus variantes), una **recíproca**. Sean reflexivos o recíprocos, los pronombres funcionan como **complemento directo o indirecto**.

Una oración simple no puede tener dos agentes o dos pacientes, ni dos sujetos o dos directos, salvo que estén coordinados entre sí (en ese caso funcionan como uno solo): sin embargo, sí puede ocurrir que el agente-sujeto (*yo* en *Yo me lavo*) y el paciente-directo (*me* en *Yo me lavo*) remitan al mismo referente (la persona que se lava). El mismo referente desempeña a la vez dos funciones semánticas y dos funciones sintácticas, en la misma oración.

A veces en la oración aparece un directo (*Se lavan <u>las manos</u>, Ellos se escriben <u>cartas</u>*) y otras podemos recuperarlo (*Padmé y Anakin se escriben, Dart Vader y Luke Skywalker se pegaron*): en estos casos el PPA es indirecto. Si no aparece el directo o no podemos recuperarlo, el PPA desempeña la función de directo (*Se lavan, Se visten, Se aman*). También tenemos reflexivos y recíprocos con verbos intransitivos (*Me gusto con estas gafas, Nos hablamos por internet*): en ese caso, el PPA es indirecto.

Como nos gusta la redundancia, animamos a los alumnos a reflexionar sobre la reflexividad. ¿Por qué puedo decir *Me visto a mí misma* y *Te lavas a ti mismo*, pero no puedo decir **Me asomo al balcón a mí mismo* ni **Me aburro a mí misma*? Alumnos: «¡No nos hagas trampa! ¡Pero si lo has dicho tú! ¡Porque los primeros son reflexivos y los otros no!». Respuesta del profesor, que intenta calmar la insurrección con suaves gestos de la mano o con febriles aspavientos, según la peligrosidad que adopte el motín: «Ya, pero eso no es más que una etiqueta; etiquetar es necesario, pero no suele resultar el final de nada, sino el principio de todo; ahora vamos a intentar comprender en qué consiste la reflexividad».

En lugar de formular conclusiones, el profesor va realizando preguntas para que sean los alumnos quienes lleguen a ellas: en la reflexiva el referente del sujeto coincide con el agente y también con el paciente; **para que exista reflexividad el agente debe realizar la acción sobre sí mismo desde fuera**, porque, en caso contrario, la lengua no nos permite añadir *a sí mismo*. Por eso puedo decir *Se lavó a sí mismo*, pero no **Se asomó a sí mismo*, salvo que me refiera a que buceó en su atormentada psique: la primera acción la hace desde fuera, pero la segunda no. En **Se aburrió a sí mismo* el sujeto no es agente, así que no es posible que sea reflexivo, puesto que no realiza la acción.

¿Qué pronombres pueden funcionar como reflexivos? Nos encargamos de que los formulen ellos completando oraciones: *Yo … peino a mí misma*, *Tú … peinas a ti mismo*. Al final llegamos a la conclusión de que son **me, te, se, nos, os**.

Aunque quizá la siguiente precisión quede lejos de los contenidos que podemos llevar a una clase de Secundaria, resulta necesario recordar el matiz que introduce Ricardo Maldonado (*A media voz*, 1999) para aquellas secuencias en las que el agente realiza la acción sobre una parte de su cuerpo, como ocurre en *Valeria se peinó*. En este caso no puede establecerse una separación tajante entre el sujeto y el objeto, «dado el carácter inherente del *pelo* respecto de su poseedor. Esa misma relación de inherencia hace que la volición característica de un agente que interactúa con un paciente se reduzca a una acción con bajo nivel de control, como confiere a todo acto rutinario».

Ha llegado el momento de preguntarles qué ocurre en *Me corté el pelo* o en *Me hice una casa en el campo*. Lo normal es que el alumno dude. Por un lado, entiende que es posible *Me corté el pelo a mí mismo*, pero cuando se le pide que haga un cálculo real aproximado de las veces que el emisor de esta oración ha empuñado las tijeras ante sus propias greñas y las veces que simplemente ha acudido a una peluquería, la mayor parte admite que es más habitual que quien formula estas palabras no se haya cortado el pelo a sí mismo. Siempre hay una mente tozuda que niega la estadística: para doblarle el brazo el profesor recurre a *Me operé del corazón*. ¿Cuántas posibilidades hay de que me haya operado a mí mismo? Incluso los más recalcitrantes suelen rendirse.

Ni en la *NGLE* ni en el *GTG* encontramos el término **causativo** aplicado a pronombres: se usa para remitir al comportamiento de los verbos. En 34.6j, la *NGLE* afirma que «una variante de la interpretación causativa es la llamada factitiva, en la que el referente del sujeto no ejecuta de modo efectivo la acción expresada por el verbo, sino que hace que otros la realicen». El ejemplo que aporta es *Me hice un traje*. A veces el sujeto que aparece con un reflexivo es agente (*Pedro se dijo a sí mismo que lo lograría*) y a veces indica causa (*Pedro se dio mechas en la peluquería*): en estos últimos hablaremos de **pronombre causativo**, puesto que **es el pronombre lo que confiere a la expresión su matiz causativo, y no el verbo**.

Es interesante distinguir estos casos de los reflexivos, porque, claramente, el hablante comprende que en *La princesa Leia se operó de cataratas* no hay un uso reflexivo, ni tampoco pronominal, puesto que existe un agente distinto del sujeto: Leia hizo que alguien la operara, de modo que, en realidad, ella es la causa de *operar* y el agente de un *hacer* que no aparece, y que entendemos gracias a la pragmática, y el cirujano es el agente de *operar*.

Llamamos **verbos causativos** a aquellos en los que el sujeto causa la acción. Por ejemplo, en *La ternera engorda* tenemos un uso causativo si quiero decir que hace que quien la consuma engorde y uno no causativo si quiero decir que el animal está comiendo bien y el pienso hace que gane masa muscular.

Dentro de los verbos causativos se encuentran los **factitivos**: aquellos en los que el sujeto no realiza la acción directamente, sino que hace que otros la realicen. En *El malvado emperador construyó la Estrella de la Muerte* queda claro que no fue él quien se encargó de las labores de fontanería, electricidad, albañilería y alcantarillado de ese asteroide asesino: hizo que otros se deslomaran para construirlo. Ese es un uso factitivo. Algunos verbos factitivos necesitan de un PPA (*Se hace los trajes en una sastrería de San Ignacio de Loyola*) y otros no: (*Alejandro Magno levantó su campamento frente a los persas*).

Ahora les hablamos de los pronombres **causativos *me, te, se, nos, os*** y les ponemos ejemplos: *Gollum se tiene que empastar dos muelas, Cruella de Vil se dio las mechas en esa peluquería, Chewbacca se depila en ese centro de belleza, Dar Vader se hizo un tratamiento de bronceado, Harry Potter se hace las gafas en la misma óptica que Quevedo*. Verán que, salvo en los casos quirúrgicos en los que el órgano funciona como complemento de régimen (*Me he operado de cataratas*), los causativos suelen funcionar como complemento indirecto (*Me he operado las varices, Me he hecho unas fotos donde ese fotógrafo*).

También es un buen momento para comparar el funcionamiento de nuestra lengua con el de las otras que estudiamos. Aunque es posible que un francés o un estadounidense digan *Je me suis coupé les cheveux* y *I cut my hair* con sentido reflexivo, prefieren las estructuras *Je me suis fait couper les cheveux* y *I had my hair cut*. Por el contrario, si alguien dice *Je me suis opéré du cœur* o *I operated on my heart*, lo mirarán como a un fenómeno de la naturaleza o como a alguien que habla francés e inglés *comme une vache espagnole* o como el maestro Yoda, respectivamente. Ambas lenguas recurren a estructuras muy diferentes de nuestro pronombre causativo: *Je me suis fait opérer du cœur, I had heart surgery*.

Acabamos de descubrir que los significados causativos se expresan de forma distinta según la lengua que usemos. Si en clase hay algún hablante de catalán, rumano, chino, gallego, alemán o ucraniano lo invitamos a explicarnos cómo se expresan en su lengua estos matices.

Profesor: «Ahora vamos a pensar sobre los **recíprocos**. ¿Por qué los identificamos añadiendo ***el uno al otro***? ¿Qué es un amor recíproco?». Alumnos: «Pues que Alicia está por Joaquín y Joaquín está por Alicia». Risas, mientras los mencionados se ruborizan. Profesor: «Ahí lo tenéis, porque se aman el uno al otro. ¿Y valdría también como prueba *entre sí*?». «Claro», responden los alumnos: «*Alicia y Joaquín se aman entre sí*». «Excelente, excelente», afirma el profesor mientras ejecuta con los dedos el gesto del señor Burns y se relame pensando en su segura (y tramposa) victoria: «¿Podemos decir *Alicia y Joaquín se pelean entre sí?*» Alumnos: «Pues claro»; «*Yo no. Yo diría se pelean entre ellos*»; «Tú te callas, que no sabes hablar». Señor Burns: «Bien, bien. Lo decís de forma diferente, es cierto, pero, lo que yo quiero saber es si se trata de un recíproco». Alumnos: «Que sí, pesado». Señor Burns: «¿Y por qué no puedo decir **Alicia y Joaquín se pelean el uno al otro?*». Silencio en la clase.

A menudo mis amigos no profesores me preguntan cómo consigo mantener el silencio entre los adolescentes. Es sencillísimo: basta con preguntarles algo. Ahora tenemos que volver a un hecho que los alumnos han pasado por alto: el recíproco funciona como directo o indirecto, pero no como complemento de régimen. Por eso no hay pronombre recíproco (aunque exista reciprocidad semántica) en *Alicia y Joaquín se pelean*, porque equivale a *Alicia y Joaquín se pelean el uno con el otro*, no a **Alicia y Joaquín se pelean el uno al otro*.

Conclusión: ~~entre sí~~ no sirve como prueba para localizar la reciprocidad sintáctica, porque solo prueba la semántica.

En casos como *Homer y Flandes no se hablan*, o *Homer y Flandes no se tratan* se ha planteado si tenemos un *se* que sustituye a un complemento de régimen, o a un indirecto y directo, respectivamente, puesto que pueden responder a las estructuras *Homer y Flanders no se hablan el uno al otro* y *Homer y Flanders no se tratan el uno al otro*, pero también a *Homer y Flanders no se hablan el uno con el otro* y *Homer y Flanders no se tratan el uno con el otro*. Aunque existen interferencias habituales entre el uso del mismo verbo con complemento directo o indirecto y con complemento de régimen, en estos casos admitiremos dos soluciones: si consideramos que lo sustituido es directo o indirecto, nos encontramos ante un pronombre recíproco; si consideramos que no existe sustitución y que el complemento de régimen permanece tácito, entenderemos que se trata de un verbo pronominal.

Si el nivel de la clase lo permite, podemos reflexionar sobre la función que ejercen *entre sí* (posiblemente, predicativo), *el uno al otro* (posiblemente, refuerzo del sujeto y del directo o el indirecto) y *a sí mismo* (refuerzo del directo o del indirecto) cuando aparecen en una oración.

Es posible que algún alumno despabilado nos pregunte qué ocurre en *Yoda y Dar Vader se pelearon* o en *Homer y Marge se casaron*. Es cierto que, semánticamente, estas oraciones equivalen a *Yoda y Dar Vader se pelearon el uno con el otro* y a *Homer y Marge se casaron el uno con el otro*, de modo que podría pensarse que el pronombre funciona como sustituto del complemento de régimen. Asumir esa solución significa cambiar todo nuestro paradigma, que explica que **los PPA solo pueden sustituir al complemento directo y al indirecto**. De modo que resulta mucho más sencillo y más razonable considerar que en ambos casos tenemos verbos pronominales. Por otra parte, la reciprocidad no viene indicada en estos casos por *se*, sino por el significado del verbo.

<pre>
Yoda y Dart Vader se pelearon el uno con el otro.
 N   NX   N   N pron   SP-CRV AR
      SN-S   SV-PV   refuerzo   SV-PV
                                SNS
                        OS
</pre>

<pre>
Homer y Flanders no se hablan entre sí.
  N   NX   N   N pron   SP-Pvo P
        SN-S   SAdv   SV-PV
                  MOr
                  OS
</pre>

Homer se imaginó a sí mismo delgado.

Homer	se (CD reflex)	imaginó (N)	a sí mismo (refuerzo CD)	delgado (SAdj-Pvo P)
SN-S		SV-PV		
OS				

Homer y Flanders no se hablan el uno al otro.

Homer (N)	y (NX)	Flanders (N)	no (SAdv MOr)	se (CI recíp)	hablan (N)	el uno (refuerzo SNS)	al otro (refuerzo CI)
SN-S				SV-PV		refuerzo SNS	SV-PV
OS							

Suene la marcha nupcial y prepárense los oficiantes, porque vamos a convocar al verbo *casarse*. ¿Por qué en *El pitufo gruñón y Gargamel se casaron* encontramos una secuencia ambigua? ¿Sabe el oyente si se casaron el uno con el otro, o cada uno con otra persona? No. ¿Por qué? Porque ese *se* es pronominal y no recíproco. La única posibilidad de que lo entendamos como recíproco es que demos por cierto que tanto el pitufo gruñón como Gargamel son sacerdotes de alguna religión que rechaza el celibato y cada uno ofició la boda del otro.

Ahora vamos con *El pitufo gruñón y Gargamel se enfadaron*. De nuevo encontramos una secuencia ambigua. Muy ambigua: quizá se enfadaron cada uno por separado con otro ser, saben los dioses por qué razones, y tenemos una voz media (que, recordemos, es una variante de la pronominalidad); quizá cada uno hizo que el otro se enfadara, y tenemos un pronombre recíproco con un verbo causativo, puesto que el pitufo hizo que se enfadara Gargamel y Gargamel hizo que se enfadara el pitufo; quizá el pitufo se enfadó con Gargamel y Gargamel con el pitufo, y en ese caso tenemos un también voz media.

Lo mismo ocurre en *Leia y Han Solo se enamoraron*: ¿queremos decir que se enamoraron el uno al otro o que se enamoraron el uno del otro? Ambas interpretaciones son posibles. En la primera tenemos un pronombre recíproco complemento directo y en la segunda un verbo pronominal.

No debemos olvidar que los verbos a menudo cambian su estructura argumental. Hoy es común leer *Te comparto unos documentos*, mientras en el pasado solo era posible *Comparto contigo unos documentos*. Podemos leer *La policía incautó la droga*, cuando la construcción tradicional exigía *La policía se incautó de la droga*. En el castellano de nuestros tatarabuelos las personas se desayunaban con buñuelos y hoy desayunan churros. Eso quiere decir que es posible que en usos como *Se pelearon* el hablante, en el futuro, decida que cada uno peleó al otro, del mismo modo que en *Se pegaron* cada uno pegó al otro. Pero, de momento, no lo percibimos así, y entendemos que cada uno se peleó con el otro.

Pregunta malvada a un alumno despistado: «Dime los pronombres recíprocos, rápido, rápido, rápido...». Confundido, farfulla: «*Me, te, se, nos, os, se*». «¡Que le corten la cabeza!», brama el profesor. «Para que una acción se la pueda realizar uno a otro, ¿cuántos individuos debe haber como poco?». «Como poco dos». «Por eso los recíprocos solo se manifiestan en plural: ***nos, os, se***».

13. Dativo ético, aspectual, simpatético y benefactivo

Este es un buen momento para leer la entrada *dativo* del *GTG* y para relacionar nuestra explicación con la del indirecto argumental y no argumental. La *NGLE* considera que son complementos **indirectos no argumentales** los dativos ético, aspectual, benefactivo/malefactivo (también llamado de interés) y simpatético (o posesivo).

Explicarles a los alumnos de la ESO que en *Le lavé la ropa* (dativo simpatético) o en *Le hice un traje* (dativo benefactivo, salvo que mi impericia con la aguja sea tal que lo convierta en malefactivo) tenemos un indirecto adjunto, pero en *Le envié una carta* tenemos un argumento es asunto complejo. Para ellos funcionan del mismo modo: si les dices que puedes lavar la ropa sin lavársela a alguien y que puedes hacer un traje sin hacérselo a nadie, contraargumentarán afirmando que ellos pueden enviar una carta sin remite, y no se la están enviando a nadie. Es tarea de titanes que reflexionen sobre la estructura argumental de los verbos, siempre con sus zonas fronterizas y sus excepciones. Generalmente, tras un largo diálogo, casi todos admiten que en sus mentes el verbo *enviar* pide tres argumentos.

Sin embargo, el alumno sí comprende de inmediato que hay dos tipos de complemento indirecto que sirven principalmente para mostrar **énfasis o vinculación emocional** con la acción. Empecemos con los ejemplos clásicos: *El niño les duerme bien, No me aparques ahí, No te me pongas chulo, Me comí tres latas de fabada, Se saltó diez escalones de un brinco, Te cenaste todo el jamón.*

Acostumbro a pedirles que dibujen lo que entenderían si considerásemos que tenemos un indirecto normal. En los tres primeros casos, tras ciertas explicaciones, dibujan, con diversa plasticidad y fortuna, a un bebé que acuna a sus padres con mucho arte, a un señor que lleva a otro bajo el brazo para aparcarlo en un sitio, tachado, y a un sujeto reñido con los modales, que se encara con el hablante.

En los tres primeros ejemplos, de todas formas, entienden que ese dativo no significa lo mismo que un indirecto normal y que, si lo retiramos (a diferencia de lo que ocurre con los dativos simpatético y benefactivo), el significado continúa siendo idéntico. Ya podemos decirles que a partir de ahora lo llamaremos **dativo ético**, que **nunca coincide con el sujeto**, que siempre es **adjunto** y que su significado es **enfático**, porque aporta una considerable carga de sentimiento, ya que la acción afecta emocionalmente al emisor o a alguna de las funciones semánticas de la oración.

Puesto que el dativo ético no coincide jamás con el sujeto, excluimos *se* de los pronombres que pueden desempeñar esta función y dejamos la nómina reducida a **me, te, le, nos, os, les**. Como casi siempre, terminamos encontrando una excepción. ¿Qué ocurre en *No le aparques en Carabanchel el Halcón Milenario a Han Solo, Chewbacca > No se lo aparques en Carabanchel*? Tenemos un *se* que es, a la vez, sustituto de *le* y dativo ético. Siempre que pongamos juntos dos PPA en tercera persona, el primero tomará la forma *se*.

Vamos ahora con *Te bajaste seis escalones de un salto, Me comí toda la paella, Nos estudiamos cinco temas en una hora* y *Os visteis tres películas seguidas.*

En algunos casos, el alumno ve que el pronombre es perfectamente **prescindible** (*Bajaste seis escalones de un salto*, *Estudiamos cinco temas en una hora*). Sin embargo, con los verbos de comer y beber, el hablante tiende a usarlo siempre, al menos en la variante dialectal que comparto con mis estudiantes. Resulta más natural para nosotros *Nos bebimos dos refrescos* que *Bebimos dos refrescos*; más natural *Nos comimos toda la tortilla* que *Comimos toda la tortilla*.

En cualquier caso, el alumno comprende que ese indirecto tampoco funciona como uno normal, porque no nos bebemos los refrescos a nosotros, ni nos comemos la fabada a nosotros, ni nos bajamos los escalones a nosotros, ni nos estudiamos los temas a nosotros, ni nos vemos la película a nosotros mismos. Todos coinciden en la agramaticalidad de **Te estudié dos temas* (aunque me los estudiara en tu nombre o para beneficiarte). Cuando reflexionemos sobre si puede decirse **Te comí la fabada* aflorarán las risas: bienvenido al hormonal mundo de la Secundaria, donde resulta prudente evitar verbos como *comer* o *meter*.

Al comienzo del libro mostrábamos que nuestra lengua admite, aunque con cierta dificultad tres PPA juntos. Cuando ello sucede, uno tiene carácter enfático. Uno de los ejemplos que los hablantes ven más naturales es *Cómetelo*, pero en ese universo de las hormonas efervescentes sin duda no se trata de una secuencia que fomente el orden de la clase.

El **dativo aspectual siempre coincide con el sujeto**, a diferencia de lo que ocurre con el dativo ético. Los pronombres que pueden desempeñar esta función son ***me, te, se, nos y os***. ¿Por qué ese nombre tan raro, ***dativo aspectual***? Dice el *GTG* que el aspecto sirve para indicarnos «la manera en que surgen, se desarrollan, concluyen o se repiten, así como sobre si han concluido o no o sobre si son instantáneos o duraderos», los eventos, las situaciones o los estados de las cosas. Si el alumno conoce las perífrasis verbales de valor aspectual, ahora podemos aferrarnos a ellas. En caso contrario, podemos recurrir a la flexión verbal para que recuerde qué significan esos misteriosos *perfecto* e *imperfecto* de las formas verbales que aprendió de memoria cuando no comprendía su significado.

¿Por qué ponemos un pronombre en *Me bebí seis litros de agua*, si el significado de la oración es idéntico sin él, y el pesado del profesor nos explicó un día el famoso principio de economía que rige también en el uso de la lengua? Pues bien, pongo el pronombre para enfatizar la acción, para **recalcar que me parece exagerado** beber tanta agua seguida y para **señalar que la acción se realizó hasta terminar un proceso**. Algunos *phrasal verbs* ingleses utilizan para ello la preposición *up*: *Wrap up your speech, Cut up the apple, Eat it up*.

¿Por qué nos suena muy bien *Él se comió los macarrones* y muy forzado *Él se comió macarrones*? Porque el dativo aspectual indica que una acción se llevó a cabo hasta el final, y para eso necesitamos un conjunto definido. *Los macarrones* indica un conjunto definido, mientras que *macarrones* designa una cantidad indeterminada, o remite a un genérico: no hay manera de comerse hasta el final una cantidad indeterminada o un genérico...

Para asegurarnos de que estamos ante un **dativo aspectual** hay que **descartar** la posibilidad de que nos encontremos ante una **voz media**. Como es habitual que digamos *Murió* o *Se murió* y *Cayó* o *Se cayó*, muchos alumnos entienden que estamos ante dativos aspectuales, puesto que pueden prescindir del pronombre sin que varíe sustancialmente el significa de la expresión. No es así: el hablante no quiere dar énfasis a la acción o decir que esta se desarrolló hasta el final, sino mostrar que sucedió sola, sin que nadie la provocara. Aunque estos dos verbos ya expresan una idea no agentiva por sí mismos, el pronombre sirve para remarcarla. Como vimos antes, cuando decimos que alguien se murió nuestro interlocutor dará por hecho que nadie lo asesinó; cuando decimos que alguien se cayó dará por hecho que no lo empujó nadie, ni se arrojó deliberadamente al vacío.

También es común que algunos alumnos piensen que existe un dativo aspectual en *Me marché pronto*, puesto que en determinadas variedades septentrionales es común *Marché pronto* (totalmente normativo: primera acepción del *DLE*). En este caso conviene explicarles que el uso no pronominal solo es común en ciertas variantes diatópicas o con el significado de *caminar manteniendo una formación*, como hacen los soldados. En la variante diatópica que manejan mis alumnos, la madrileña, no existe oposición entre *Marché* y *Me marché*: el hablante siempre selecciona la segunda.

Más espinoso resulta el asunto del dativo **simpatético o posesivo**, porque su uso **se solapa** con el reflexivo, con la voz media, con el dativo aspectual, con el dativo ético y con ejemplos de complemento indirecto que no encajan en los usos especiales que explicamos. En *Me lavé las manos*, *me* sirve para indicar que yo lavé mis manos y, en *Le lavé las manos*, *le* indica que lavé sus manos. El primero es reflexivo, pero también es posesivo, puesto que indica que lavé mis manos. El segundo lo analizaremos como un simple indirecto, sin más glamur ni aristocracia.

En oraciones como *Se me murió el gato*, podría señalarse que ese *me* es posesivo, pero otros nos inclinamos por el análisis como dativo ético. En *El bebé no me duerme* tenemos un dativo ético que puede interpretarse como posesivo, pero no indica forzosamente posesión, puesto que puede ser que no me duerma un bebé con el que no tengo relación alguna. En *Me rompí un brazo* podemos tener un dativo posesivo, pero también una voz media; sin embargo, en *Le rompí un brazo* solo es posesivo, y no tenemos un uso especial del PPA: a mis alumnos les digo que, en estos casos, basta con que indiquen que es indirecto. En casos como *Me manché los pantalones al saltar la valla*, la elección resulta muy relevante, porque, de considerarlo dativo simpatético, tendría función oracional, y de considerarlo voz media sería un morfema verbal.

El problema del dativo simpatético o posesivo es que se solapa con otras clasificaciones; su ventaja es que al explicarlo podemos abordar el difícil e interesante asunto de la distinción entre indirectos de carácter argumental e indirectos adjuntos. También puede servir para reflexionar sobre cómo cada lengua da una solución distinta a las necesidades comunicativas. Nosotros decimos *Me lavé las manos* y los franceses *Je me suis lavé les mains* (que se lo pregunten a Johnny Hallyday), pero *I washed myself the hands* resulta agramatical en inglés. La misma idea que expresamos en español con un pronombre átono con función de complemento indirecto, que es a la vez reflexivo y dativo posesivo, en inglés la expresan con un determinante posesivo (*I washed my hands*).

El español permite una expresión de las relaciones posesivas muy libres. Podemos decir *Me he dejado la agenda en casa*, *He dejado mi agenda en casa*, *Me he dejado mi agenda en casa* (podrá discutirse si se considera normativa, pero, a pesar del pleonasmo, sin duda es gramatical) y *He dejado la agenda en casa*. La diferencia es pequeña y tendrá que establecerla un especialista en semántica. No nos sorprende este comportamiento travieso, porque los posesivos son los *gremlins* del sistema lingüístico: las únicas palabras birreferenciales (cuando digo *su reloj* señalo a la vez al objeto y al propietario), los únicos determinantes y adjetivos que incluyen persona gramatical (recuerda que para la NGLE no existen los pronombres posesivos).

En los ejemplos en los que no se produzca interferencia con otros usos especiales sí podemos insistir en el carácter posesivo que introducen los clíticos. Por ejemplo, en oraciones como *Los ojos se le llenaron de lágrimas* o *La cabeza me daba vueltas*, lo analizaremos como un complemento indirecto e intentaremos reflexionar con los alumnos cómo funcionan esas estructuras, tanto en español como en francés o en inglés.

Llega el momento de gloria del **dativo de interés**, también llamado **benefactivo o malefactivo**. En la formación de muchos profesores dativo de interés y ~~dativo ético~~ se usaban como sinónimos y se incluía en la misma categoría el dativo aspectual. Como a menudo contamos con alumnos que proceden de diferentes centros conviene aclarar de inmediato este barullo terminológico. Para nosotros, *fans* y *followers* del *GTG*, *haters* de sus *haters* y también de la oscuridad críptica de algunas de sus propuestas, dativo ético es el que señala a quien resulta beneficiado o perjudicado por una acción: *A Gandalf el Blanco le hacen la túnica a medida en una sastrería de Parla* (Gandalf el Gris la prefería *prêt-à-porter*), *A Han Solo le embargaron el Halcón Milenario*. No consideramos que el dativo de interés constituya un uso especial de los PPA: se trata de uno de los significados habituales en el complemento indirecto. No aparecerá en nuestra lista como un uso especial porque consideramos que indicar el benefactivo o el malefactivo es una de las tareas propias del indirecto.

14. *Se* sustituto o alomorfo de *le/les*

Cambiando de tema, por si te estás aburriendo, el 10 de mayo de 1940, 85 *Fallschirmjäger* tomaron al asalto la fortaleza belga de Eben-Emael, considerada hasta la fecha inexpugnable, e hicieron prisioneros a sus 1200 defensores. Y lo lograron porque se introdujeron en ella usando planeadores. Increíble. La sorpresa es un arma a la que el profesor nunca debe renunciar. Vamos a usar una estrategia similar para desmontar las defensas de los alumnos (bostezos, miradas de soslayo al móvil, disimuladas siestas) y tomar prisionera su atención.

El día de autos el profesor se presentará en clase con dos imanes y les mostrará lo que ocurre cuando juntamos dos polos iguales. En caso de que los amables profesores de Física no se los puedan prestar, puede usar cualquiera de los vídeos que circulan por internet. Basta con unos segundos: lo justo para sabotear sus defensas.

A continuación, comenzamos con una experiencia que sorprenderá al profesor neófito. Sobre la oración *Escribí una carta a mis amigas*, les pedimos que sustituyan de uno en uno los complementos, pero no ambos a la vez. El colega novato descubrirá atónito que una actividad que le parecía de una sencillez pueril se revela tan compleja como un trabalenguas para sus alumnos, que fabricarán sustituciones como *Las escribí a mis amigas* o *Le escribí a mis amigas*. Vale la pena emplear un rato para que al final lleguen a la conclusión de que las sustituciones correctas son *Les escribí una carta* y *La escribí a mis amigas*. Una vez conseguido, reflexionamos acerca de que el indirecto se sustituye por *les* y el directo por *la*.

Ahora el profesor se convierte por arte de magia *harrypottesca* en John Doe, recién aterrizado de Morgantown, West Virginia, y sustituye ambos pronombres a la vez: «**Les la escribí*», sentencia con una sonrisa de oreja a oreja. «¡Noooo!», se lamenta el coro. «Sure, fine. **La les escribí*». «¡Noooo! ¡Es *Se las escribí*!», grita el respetable, mesándose los cabellos. «You, Spaniards, are crazy! What a funny language. Why?». Silencio. Qué buen momento para que los alumnos comprendan que lo que resulta para ellos natural supone un problema para el no nativo. Qué buen momento para meditar acerca de la necesidad (no ya de la conveniencia) de reflexionar sobre esa lógica que todos sabemos aplicar inconscientemente, pero cuyos misterios desconocemos.

Como nosotros no enseñamos gramática diacrónica nos podemos relajar cuando expliquemos la secuencia *se + lo/la/los/las* y explicarles que, por un problema de alergia, de repugnancia, de repelencia, **le y *les* se llevan fatal con *lo, la, los* y *las*,** como los imanes con los que comenzamos la clase. Ahora, sobre uno de los imanes ponemos una etiqueta con la leyenda *le/les* y en el polo idéntico del otro una con la leyenda *lo/la/los/las*. Que los alumnos vean la repugnancia: **tanto miedo le tiene *le/les* a *lo/la/los/las* que cuando les toca ir juntos se pone un disfraz y se convierte en *se*.** Háganse varios experimentos y se comprobará: **Le lo dije*, **Le las pedí envueltas*, **Le lo ruego, director Skinner*.

Conviene advertirles que no siempre que se encuentren la combinación *se + lo/la/los/las* tenemos un *le/les* asustadizo jugando a los camaleones. Hay que poner en práctica todas las pruebas que aprendimos antes, por si acaso. En *Se la premió por su inteligencia, se* es marca de impersonal. Si realizamos los razonamientos por el orden que les hemos enseñado (y este es un asunto mecánico, pero la mecánica sirve también para pensar en orden y no es despreciable) no nos equivocaremos. También es una ocasión perfecta para recordar a mis alumnos, madrileños, su tendencia al leísmo y al laísmo.

Como ya dijimos, en realidad solo existen tres *se*. Uno de ellos proviene del latín *illi + illum > gelo > se lo*. Es habitual que en clase se explique que el hablante evita la secuencia **le lo* para evitar la cacofonía, pero en realidad el uso de este pronombre se debe a razones etimológicas.

El *se* **sustituto o alomorfo de *le/les*** funciona como **complemento indirecto** y siempre **precede a *lo, la, los* o *las***. Para el hablante no es posible otra secuencia de clíticos de tercera persona distinta a *se lo/la/los/las*. Por eso, en oraciones como *Todos llamaban traidor a Judas* obtenemos la transformación *Todos se lo llamaban* (esta sustitución solo es posible en español de España). Como ya explicamos, es el único caso en el que podemos sustituir un predicativo por *lo* y en el que un *se* sustituto de *le* funciona como complemento directo. Por la misma causa, como ya razonamos, en secuencias como *Vi a Yoda bailar sevillanas*, al sustituir el directo *a Yoda* y el directo *sevillanas*, el hablante recurre a la única secuencia que conoce cuando aparecen dos pronombres personales átonos en tercera persona, *se* seguido de un pronombre *lo, la, los* o *las*: *Se las vi bailar*.

Vamos con otros ejemplos que demuestran que no toda secuencia *se lo/la/los/las* corresponde a un se sustituto de *le/les* más un directo: en *Se lo bebió todo, se* es un dativo aspectual. En *Se la advirtió a tiempo* es una marca de impersonalidad si viene de la transformación de *Se advirtió a Ana a tiempo* y un sustituto de *le* si viene de *Le advirtió la verdad a tiempo*.

15. El poder del algoritmo: átonos con función oracional

Es importante que el alumno comprenda que todos los pronombres que vamos a analizar ahora funcionan como **complemento directo o indirecto**, y que *dativo* **es un término que usamos para designar a los indirectos** que se comportan de una forma **especial**, de modo que nuestra tarea consistirá en responder a dos preguntas:

1- ¿El pronombre es directo o indirecto?
2- ¿Cuál de las etiquetas que estudiamos sirve para identificar su comportamiento?

Y, no, queremos decirles a quienes acusan a los profesores de Secundaria de limitar su tarea a la de simples etiquetadores, etiquetar no constituye un fin en sí mismo, aunque sí una exigencia en todo ámbito de conocimiento serio. No nos limitamos a etiquetar: antes de adjudicar una etiqueta reflexionamos sobre el significado del pronombre. Eso es enseñar gramática de forma reflexiva. Cuando un matemático afirma que un número es irracional, no se está limitando a etiquetar: la etiqueta se deriva de una valoración reflexiva y conlleva una serie de características que le sirven para comprender el comportamiento del número y para seguir avanzando en su razonamiento.

Vamos a ofrecer el algoritmo que emplearemos para determinar el tipo de pronombre átono que encontramos, es decir, para responder a la segunda pregunta. No incluyo en él el dativo benefactivo, porque lo considero uno más de los complementos indirectos, ni el dativo simpatético, porque se trata de un uso que se solapa con muchos otros.

Por lo que respecta al *se* **sustituto o alomorfo de** *le*, lo colocamos al final del algoritmo, porque puede confundirse con la marca de impersonal (*Se buscó a Hansel y Gretel > Se los buscó*), con el dativo ético (*No se lo aparques ahí*) y con el dativo aspectual (*Se los bebió*), de modo que lo buscaremos cuando los hayamos descartado.

Ponemos a funcionar este algoritmo, que queda reflejado en la tabla IV.

1- **Se trata de un uso especial** (tabla I).
Cierto: paso a 2.
Falso: CD o CI.
2- **Se trata de un pronombre sin función oracional, contenido en la tabla II/III.**
Cierto: aplico la tabla II/III.
Falso: paso a 3.
3- **Puedo añadir** *a sí mismo*.
Cierto: REFLEXIVO.
Falso: paso a 4.
4- **El sujeto hace que otro haga la acción.**
Cierto: CAUSATIVO
Falso: paso a 5.
5- **Puedo añadir** *el uno al otro*.
Cierto: RECÍPROCO.

Falso: paso a 6.

6- **El pronombre es prescindible y no coincide con el sujeto.**
Cierto: DATIVO ÉTICO.
Falso: paso a 7.

7- **El pronombre es prescindible y coincide con el sujeto.**
Cierto: DATIVO ASPECTUAL.
Falso: paso a 8.

8- **Después de *se* aparece *lo, la, los, las*.**
Cierto: SUSTITUTO DE *LE*.
Falso: se ha producido un error. Hay que volver a aplicar las tablas.

Tabla IV
PPA con función oracional

1- Se trata de un uso especial
- Cierto → Paso a 2
- Falso → CD o CI

2- Se trata de un pronombre sin función oracional (tabla II/III)
- Cierto → Aplico tabla II/III
- Falso → Paso a 3

3- Puedo añadir *a sí mismo*
- Cierto → REFLEXIVO
- Falso → Paso a 4

4- El sujeto hace que otro realice la acción
- Cierto → CAUSATIVO
- Falso → Paso a 5

5- Puedo añadir *el uno al otro*
- Cierto → RECÍPROCO
- Falso → Paso a 6

6- El pronombre es prescindible y no coincide con el sujeto
- Cierto → DATIVO ÉTICO
- Falso → Paso a 7

7- El pronombre es prescindible y coincide con el sujeto
- Cierto → DATIVO ASPECTUAL
- Falso → Paso a 8

8. Después de *se* aparece *lo, la, los, las*
- Cierto → SUSTITUTO DE *LE*
- Falso → Error: comienzo de nuevo

16. Vídeos

En estos vídeos te explico cómo trabajar en clase los pronombres personales átonos, con muchos ejemplos. El orden que sigo en estas explicaciones es diferente al que propongo en el libro, pero también se caracteriza por la sistematicidad. Buscamos primero los no paradigmáticos (impersonal y voz media), después los que tienen función oracional (reflexivos, causativos, recíprocos, *se* sustituto de *le* y *les*, dativo ético y dativo aspectual) y finalmente los paradigmáticos que carecen de función oracional (voz media y pronominal).

Impersonal y pasiva refleja: https://youtu.be/l_-78bEyUto

Reflexivo y recíproco: https://youtu.be/jMDd6wHKEzI

Causativo y sustituto de le: https://youtu.be/-tfT23mnxZc

Dativo ético y aspectual: https://youtu.be/D6juVukD0mI

Voz media y pronominal: https://youtu.be/r0sAtJ_YIbE

Impersonal y pasiva refleja

Reflexivo y recíproco

Causativo y sustituto *le*

Dativo ético y aspectual

Voz media y pronominal

17. Ejercicios comentados

1- Juntamos a los alumnos de cuatro en cuatro. Les damos los siguientes sintagmas: *un reino lejano, una lavadora, un dragón, una moto, una princesa, un balón de fútbol, el hechicero Merlín, un patinete eléctrico.* Deben inventar oraciones que contengan al menos dos de ellos y después cambiarlas para que cada sintagma desempeñe distintas funciones sintácticas y semánticas, que deben escribir. Para ello, pueden añadir preposiciones cuando sea necesario.

2- Crea oraciones pasivas reflejas e impersonales que resulten agramaticales o anormativas con los siguientes sintagmas, cuya estructura no debes variar (por ejemplo, no puedes añadir ni quitar una preposición) y cuya función debe ser sujeto o complemento directo: *a las causas del desastre, el maestro Yoda, Bart Simpson, a las dos rosas, a muchos papeles, mi cuñado.* Explica por qué son agramaticales las secuencias obtenidas.

3- Inventamos contextos para oraciones ambiguas. Este ejercicio funciona mejor por grupos, porque los alumnos deben defender sus argumentos ante sus iguales. Inventad un contexto en el *que Se asaban en la barbacoa* sea pasiva refleja y otro en el que no.

4- Inventad un contexto en el que *Se escriben poemas de amor* sea pasiva refleja y otro en el que no.

5- Inventad un contexto en el que *Se cumplió la promesa* sea voz media y otro en el que sea pasiva refleja.

6- Inventad un contexto en el que *Se sirven refrescos* sea pasiva refleja y otro en el que no.

7- Inventad un contexto en el que *Se cortó la carretera* contenga una pasiva refleja y otro en el que contenga una voz media.

8- Inventad un contexto en el que *Se disparan los solicitantes de ayudas* sea voz media y otro en el que sea recíproco.

9- Inventad un contexto en el que en *Juan y Pedro se enfadan* tengamos un verbo pronominal y otro en el que *se* funcione como pronombre recíproco.

10-   Inventad un contexto en el que en *Se lo propusieron* tengamos un verbo pronominal y otro en el que *se* funcione como sustituto de *le*.

11-   Escribe una impersonal refleja con un complemento directo y uno de régimen.

12-   Escribe una pasiva refleja con un complemento indirecto, un sujeto no animado y un circunstancial de tiempo.

13- Escribe una impersonal que tenga un sujeto no animado. Ojo con esta.

14- Escribe una oración con pronombre recíproco indirecto y complemento directo.

15- Escribe una oración con pronombre reflexivo directo y complemento circunstancial de tiempo.

16- Escribe una oración con dativo ético y otro pronombre personal átono.

17- Escribe una oración en la que aparezca una voz media con un sujeto no animado y otra con un sujeto no animado.

18- Escribe una oración en la que aparezca un verbo pronominal inherente (uno de esos que no existen sin el pronombre) con complemento de régimen.

19- La oración *Se agotaron los médicos* admite dos interpretaciones, ambas en voz media. Explícalas.

20- Dobles pares mínimos. Explica, en los siguientes ejercicios, por qué en el segundo par mínimo se produce una agramaticalidad:

No quiero gritar eso
No quiero gritarlo
No se debe gritar eso
*No se debe gritarlo?

21- Se localizó el tesoro.
Se localizaron los tesoros.
Se localizó al pasajero.
*Se localizaron a los pasajeros.

22- Se busca cliente.
Se busca al cliente.
Se busca teatro.
*Se busca al teatro.

23- Me abanico.
Te abanico.
Me arrepiento.
*Te arrepiento.

24- Se declaró a Luis.
Se le declaró.
Se aficionó a Luis.
*Se le aficionó.

25- Me prometió ese viaje.

Me lo prometió.
Me gustó ese viaje.
*Me lo gustó.

26- Homer se imagina en Hollywood.
Homer le imagina en Hollywood.
Homer se arrepintió en Hollywood.
*Homer le arrepintió en Hollywood.

27- Pares mínimos con agramaticalidad. Explica, en los siguientes ejemplos, por qué una secuencia es gramatical y la otra no.
Se le multó por la nueva ordenanza.
*Se le multó por la policía.
Si la segunda te parece gramatical, explica por qué.

28- Se arreglan lavadoras.
*Se arreglan lavadora.

29- Se tiró al agua voluntariamente.
*Se cayó al agua voluntariamente.

30- Te enamoré.
*Te atreví.

31- Preguntas misteriosas. Del mismo modo que Freud localizaba psicopatologías en la vida cotidiana, el alumno puede buscar claves gramaticales en su experiencia menuda. ¿Por qué compramos despertadores, pero no existen levantadores, salvo los de pesas?

32- ¿Por qué en algunos anuncios leemos *Se talan árboles*, pero ninguna empresa se anuncia escribiendo *Se caen árboles*?

33- ¿Por qué si alguien afirma *Me rompí un brazo* y no hay voz media conviene recomendarle un buen psicólogo?

34- ¿Por qué si afirmo *Se interrumpieron las comunicaciones* podemos interpretar que el verbo aparece en voz media o en pasiva refleja, pero si digo *Se amasó el pan* o *Se acabó el tiempo* solo existe una interpretación?

35- Pares mínimos. ¿Qué diferencia hay entre *Se depilan los adolescentes* y *Se depilan adolescentes*?

36- ¿Por qué en una librería de viejo (que no es lo mismo que una librería de viejos) podemos encontrar un cártel que diga *Se encuadernan libros*, pero no escribirán, salvo por error, *Se encuadernan los libros*?

37- ¿Qué diferencia hay entre *Se me acabó la gasolina* y *Se me racionó la gasolina*?

38- ¿Qué diferencia hay entre *Se me hace tarde* y *Se me hace difícil?*

39- ¿Qué diferencia hay entre *Se emborrachó el joven* y *Se emborrachó al joven?*

40- ¿Qué diferencia hay entre *Se aburrió a los alumnos* y *Se aburrió de los alumnos?*

41- ¿Qué diferencia hay entre *Se despidió al jardinero* y *Se despidió del jardinero?*

42- ¿Qué diferencia hay entre *Se acordó la subida de sueldo* y *Se acordó de la subida de sueldo?*

43- ¿Qué diferencia hay entre *Homer se imagina en Hollywood* y *Homer se imagina que voy a Hollywood?*

44- ¿Qué diferencia hay entre *Se me han adelantado* y *Se me han atrevido?*

45- ¿Qué diferencia hay entre *Se aplica en el estudio* y *Se aplica el estudio?*

46- ¿Qué diferencia hay entre *A María se la contrató* y *A María se la dieron?*

47- ¿Qué diferencia hay entre *No me tires basura en la calle* y *No me tires la basura en la calle?*

48- ¿Qué diferencia hay entre *Se leyó el libro* y *Me leyó el libro?*

49- ¿Qué diferencia hay entre *Me levanté* y *Me levantó?*

50- Falta un tenedor tras lavar la vajilla. Alguien lo ve en la basura y se da cuenta de que es el suyo. Al tirar los restos del plato el tenedor se fue con ellos. ¿Por qué esa persona, que recupera el tenedor rápidamente, dice *He tirado los restos del filete y se me ha caído el tenedor?*

51- En *No me acuerdo, Me aburrí en la fiesta* o *Me siento mareada,* ¿cómo funcionan los PPA? ¿Por qué el hablante ha seleccionado ese uso?

52- Usemos los titulares de prensa para reflexionar sobre la actitud del emisor frente a un hecho. En tres periódicos diferentes leemos los siguientes titulares: *Se producen reajustes de plantilla en Cárnicas Martínez, Se despide a cincuenta trabajadores de Cárnicas Martínez, La dirección decide despidos masivos en la plantilla de Cárnicas Martínez.* En este conflicto aparecen dos referentes enfrentados, la dirección y los trabajadores. Señala la postura de cada periódico frente a cada referente y justifica las elecciones gramaticales que observamos en cada caso.

53- El Internacional de Carabanchel ha fichado a Pitu, una magnífico extremo izquierdo. Inventa tres titulares con estructuras gramaticales diferentes y explica tus elecciones para atribuir el mérito a la directiva, de la que eres fan, o para evitar su mención, porque eres *hater*. En al menos dos de las oraciones debes usar un *se*.

54- Aprovechamos para relacionar estos dos ejercicios con las clases de comentario de texto en las que hemos trabajado la argumentación, la exposición, el artículo de opinión, el ensayo, la noticia... ¿Qué relación guardan estas modalidades textuales y estos géneros con los PPA?

55- En la canción de Rosalía «Fama», del disco *Motomami*, encontramos que la fama es demasiado traicionera *y tal como viene, se te va*. Después oímos *yo nunca le confiaré* y más tarde *nunca la vayas a casar*. Por último, la cantante nos avisa: *no hay manera de que esta obsesión se me fuera*. Explica el papel de los pronombres y si las expresiones son normativas o no.

56- *Explica el uso de los pronombres en este par mínimo:*

La tormenta se desató.
Luis se desató.

57- Juguemos a los detectives con el leísmo, primer acto. Alguien está escribiendo una guía para *La Fundación*, de Antonio Buero Vallejo que leerán hablantes de la variante diatópica septentrional (por ejemplo, de Burgos). Escribe «Asel insiste a Tomás para que piense si contó algo más a los guardianes y este lo niega. Max no termina de creer...». ¿Cómo sigue? Quiere decir que Max no termina de creer a Tomás. El escritor no es leísta, pero decide escribir *No termina de creerle*. ¿Por qué?

58- Juguemos a los detectives con el leísmo, segundo acto. Un amigo tiene a su padre en el hospital. Me explica que tal vez cambien a su padre de habitación y que le está subiendo la fiebre. Me interesa su salud, de modo que le pregunto «¿Cómo lo ves?» Por supuesto, su respuesta es «Me parece bien que le cambien de habitación» (con su leísmo, por supuesto). ¿Por qué se ha producido la confusión y cómo podría haberla evitado?

59- *Se echó a llorar* es una secuencia ambigua, porque puede significar que comenzó a llorar (perífrasis) o que se tumbó para llorar más cómodo (subordinación). ¿Cómo funciona *se* en cada caso?

60- Análisis tradicional (no nos olvidamos de ti: te queremos):

- Se lo vendieron en buenas condiciones.
- El cuerpo se me electriza.
- No se me quita el picor.
- Se apoyará la candidatura del más votado.
- Se consideran amortizadas las inversiones.

- A mí no se me habla de ese modo.
- No se la avisó del incidente.
- Se me hace tarde.
- Se independizó en marzo.
- A veces me siento feo.
- Luego me acuerdo de mis amigos y se me pasa.
- Se giró bruscamente.
- Se rascaba con ansia.
- Me hice la cama.
- ¿Os intercambiáis la ropa?
- Se quieren mucho.
- Me hice la manicura en ese establecimiento.
- El sábado me quito los juanetes en esa clínica.
- Se la ve decaída.
- Se la dediqué a mi ex.
- No te me enfades.
- Vuélveteme rubio.
- Nos comimos dos bocadillos.
- Se estudió tres temas difíciles.

18. Soluciones

1- Las respuestas son libres y muy variadas. Estos ejemplos pueden servirte de referencia:

- *El hechicero Merlín* (sujeto y agente) *se compró un patinete eléctrico* (complemento directo y tema).
- *Un patinete eléctrico* (sujeto y tema) *fue comprado por el hechicero Merlín* (complemento agente y agente).
- *Un patinete eléctrico* (sujeto y agente: en este caso, por metonimia, el objeto adquiere algunas características semánticas de quien lo conduce) *atropelló al hechicero Merlín* (complemento directo y paciente).
- *Al hechicero Merlín* (experimentante) *le encanta ese patinete eléctrico* (estímulo).

2- Las respuestas son libres y muy variadas. Estos ejemplos pueden servirte de referencia:

Se castigó Bart Simpson: salvo que deseemos sostener la dudosa teoría de que Bart se impuso a sí mismo un castigo, la posible intención del hablante es expresar que Bart fue castigado por otro. Puesto que Bart es un ser perfectamente definido y animado (muy animado), el hablante escoge para expresar esa idea una impersonal refleja, precisamente para evitar una posible interpretación reflexiva: *Se castigó a Bart Simpson*.

Se buscó a las causas del desastre: puesto que *las causas del desastre* constituye una entidad inanimada, el hablante prefiere la pasiva refleja a la impersonal y escribe *Se buscaron las causas del desastre*. En el caso de las variantes diatópicas que escogen la impersonal, emplearían el complemento directo sin la preposición *a*: *Se buscó las causas del desastre*.

Se regaron a las dos rosas: puesto que *a las dos rosas* lleva preposición, no puede desempeñar el papel de sujeto. Sin embargo, el verbo va en plural y no es posible encontrarle un sujeto tácito. Para que la oración sea gramatical es preciso eliminar la preposición y dejar *Se regaron las dos rosas*. La oración tampoco sería gramatical si escribiéramos el verbo en singular (*Se regó a las dos rosas*), porque las impersonales reflejas seleccionan complementos directos precedidos por *a* que sean animados y específicos.

3- Si lo que se asaba en la barbacoa eran pollos, tenemos una pasiva refleja, pero si queremos decir que quienes manejaban la barbacoa se asaban de calor, tenemos un verbo pronominal en voz media.

4- Si un enamorado al que no le salen bien las cosas decide escribir cartas para otros, con la idea de que sean más afortunados, como hace el protagonista de *El amor en los tiempos del cólera*, de Gabriel García Márquez, puede publicitarse con un letrero que diga *Se escriben poemas de amor*. Habrá escogido una pasiva refleja, puesto que los poemas de amor, el sujeto, no realizan la acción de escribir, pero sí son escritos por el generoso enamorado. Sin embargo, si la oración significa que Romeo escribe a Julieta poemas de amor y recibe de ella lo mismo, y a Julieta le ocurre otro tanto, tendremos un pronombre recíproco con función de complemento indirecto.

5- Si un mago nos promete que lloverá en agosto en el Sáhara y se cumple, podemos decir *Se cumplió la promesa* y será voz media. Si un profesor promete que aprobará a todos a final de curso y se cumple, tenemos una pasiva refleja.

6- Si un cártel anuncia que se ofrece la posibilidad de disfrutar de esos refrescos sentados en una terraza, porque alguien vendrá a servirlos, tenemos una pasiva refleja. Si alguien me pregunta qué hacen dos personas que están intercambiando botellas de un líquido que no contiene alcohol y respondo *Se sirven refrescos*, estoy usando *se* como un recíproco indirecto. Si, por lo contrario, lo que veo es que dos personas echan el refresco cada uno en su vaso, con esa afirmación uso un *se* reflexivo indirecto.

7- Si cortó la carretera la Policía porque trataban de evitar que los conductores entraran a una zona inundada, tenemos una pasiva refleja, puesto que la policía es el agente y el sujeto no realiza la acción. Si la riada ocupó el asfalto y la carretera quedó cortada, hablamos de un suceso que ocurrió provocado por una causa, no de una acción realizada por un agente, de modo que hay voz media.

8- Si cada vez hay más solicitantes de ayuda, esto es, si se incrementan vertiginosamente, tenemos una voz media; pero si los solicitantes de ayuda han conseguido armas de fuego y se disparan los unos a los otros, tenemos un recíproco con función de complemento indirecto (el directo son las balas o las flechas).

9- Si Juan y Pedro se enfadan el uno con el otro, tenemos un verbo pronominal. Si Juan hace que Pedro se enfade y viceversa, el verbo toma un matiz causativo y el pronombre es recíproco directo.

10-   Si ellos se marcaron un objetivo puedo decir *Se lo propusieron* y tengo un verbo pronominal. Si sus jefes le propusieron que cambiara de estrategia, con la misma oración, tenemos un sustituto o alomorfo de *le*.

11-   Se relacionó a Jabba el Hutt con el Imperio.

12-   Se les prometieron compensaciones durante el juicio.

13- Si es impersonal... no puede tener sujeto. Vale, lo admito: he ido a pillar. Es que soy profe.

14- Se escupieron insultos el uno al otro.

15- Me afeito por las mañanas.

16- No te me vayas a marear.

17- Dart Vader se fatigó en la San Silvestre vallecana. Se han podrido las patatas.

18- Se jactaba de sus goles.

19- El hablante puede querer decir que ya no quedaban médicos y también que sí los había, pero se encontraban exhaustos. En ambos casos tenemos voz media, puesto que el sujeto, los médicos, no realiza la acción, ni tampoco existe otro agente que los agote; sí existe una causa en ambos: *Se agotaron los médicos por el exceso de demanda* y *Se agotaron los médicos por el exceso de trabajo*.

20- En la primera oración el verbo *gritar* recibe un complemento directo, *eso*, que se sustituye por *lo* en la segunda. En la tercera, *eso* es el sujeto de la perífrasis modal de obligación *se debe gritar*, que figura en pasiva refleja. En la cuarta obtenemos una secuencia agramatical porque sustituimos el sujeto por un PPA que solo puede reemplazar al complemento directo.

21- En la primera oración tenemos una pasiva refleja cuyo sujeto es *el tesoro*. En la segunda, puesto que ponemos el sujeto en plural, debemos hacer lo mismo, para mantener la concordancia. En la tercera tenemos una impersonal, de modo que el verbo debe ir en singular, incluso si el complemento directo aparece en plural, como sucede en la cuarta oración.

22- En la primera tenemos una pasiva refleja y se busca un sujeto indefinido: cualquier cliente vale. En la segunda tenemos una impersonal con un sujeto animado y definido. En la tercera tenemos una pasiva refleja con un sujeto no animado. En la cuarta intentamos convertir *al teatro* en el directo de una impersonal refleja, pero creamos una secuencia agramatical, porque se trata de un nombre no animado, con el que se pueden crear pasivas reflejas, pero no impersonales. Por supuesto, si convertimos *teatro* en un nombre animado, por metonimia, cuyo referente son las personas que lo forman, sí podemos formar con él impersonales reflejas: *Así se premia al teatro independiente*.

23- El verbo *abanicar* es transitivo, y lo abanicado puede expresarse por medio de un pronombre personal átono, que puede ser reflexivo (como en la primera oración) o no (como en la segunda). Sin embargo, *arrepentirse* es un pronominal inherente: eso quiere decir que no puede aparecer, ni sin pronombre personal átono, ni con un pronombre personal átono que no remita al mismo referente que el sujeto. En la cuarta oración el sujeto es una primera persona y el clítico aparece en segunda: agramatical.

24- En la primera oración, tenemos un *se* pronominal con un indirecto: por eso en la segunda podemos sustituir a este por un PPA. En la tercera tenemos un *se* pronominal con un complemento de régimen: por eso la sustitución que aparece en la cuarta provoca una agramaticalidad (el complemento de régimen no admite la sustitución por PPA).

25- En la primera oración, *ese viaje* es el complemento directo de *prometió* y puede ser sustituido por un PPA en la segunda. En la tercera oración, *ese viaje* es el sujeto de *gustó* y no puede sustituirse por un PPA: por eso la cuarta resulta agramatical.

26- El verbo imaginar da mucho de sí. En la primera secuencia aparece un pronombre reflexivo (*Homer se imagina a sí mismo en Hollywood*). Con este uso reflexivo y transitivo, no es difícil cambiar el directo por otro: en este caso, por un *le* (hay leísmo normativo). Un hablante de Madrid nunca usaría *Homer lo imagina allí* para referirse a un persona, porque su interlocutor entendería que lo imaginado es un objeto, una acción, un suceso..., pero bajo ningún concepto un niño o un hombre. Veamos cómo funciona el siguiente par. *Arrepentirse* es un pronominal inherente y solo como tal puede funcionar, de modo que, si intentamos cambiar *se* por un pronombre que remita a otro referente, obtendremos una secuencia agramatical.

27- En ambos casos nos encontramos con impersonales. *Por la nueva ordenanza* funciona como complemento circunstancial, pero *por la policía* se usa como complemento agente, un complemento que solo aparece con las pasivas perifrásticas. La única forma de interpretar la segunda oración como gramatical es entender que incluye un circunstancial de causa, algo así como *Se le multó porque se deseaba complacer a la policía*. En ambos casos, *le* funciona como complemento directo, de modo que se trata de un leísmo, uno de los más habituales: con una impersonal refleja. De ser mujer la multada, diríamos *Se la multó*.

28- En ambos casos tenemos pasivas reflejas, y en estas oraciones el sujeto debe concordar con el verbo: como en la segunda el verbo aparece en plural y *lavadora* en singular, obtenemos una secuencia agramatical.

29-   En la primera oración tenemos un verbo pronominal con sujeto agente, de modo que admite el adverbio *voluntariamente*. En la segunda tenemos una voz media, que no admite agente. Si no hay agente, nadie realiza la acción voluntariamente, de modo que la oración no admite este adverbio.

30-   El verbo *enamorar* funciona como causativo (*hacer que alguien se enamore*) y transitivo, o como voz media (*enamorarse*). En la primera oración aparece la acepción transitiva, con un complemento directo. Solo cuando se trata de un verbo causativo admite un PPA que no comparta referente con el sujeto. Sin embargo, el verbo *atreverse* solo funciona como pronominal inherente, de modo que debe llevar un PPA que comparta referente con el sujeto. Como en la segunda oración el sujeto aparece en primera persona y el PPA en segunda, obtenemos una secuencia agramatical.

31-   A nadie se le ha ocurrido inventar máquinas que levanten por las mañanas a las personas y sí para despertarlas, porque en *levantarse* el sujeto es agente, pero en *despertarse* es experimentante. En otras palabras, te levantas porque así lo decides, pero te despiertas porque te pasa. ¿Y por qué no existen levantadores de personas, pero sí levantadores de pesas? Porque una pesa, necesariamente, necesita un agente o una causa que la levante, o permanecerá siempre en el suelo; en cambio, a una persona le suele bastar con su propia voluntad o con una buena causa (poderoso caballero es don dinero).

32-   Porque para talar necesitamos un agente (la empresa que ofrece sus servicios), pero para caerse solo hace falta un experimentante y, a veces, un poco de mala suerte.

33-   Porque, si hay voz media, la rotura del brazo se debe a un accidente, pero, en caso contrario, se trata de un pronombre reflexivo y el sujeto se rompió el brazo a sí mismo a propósito. Una conducta poco sana.

34-   Porque es posible que las comunicaciones se interrumpan por accidente (voz media) o que alguien las interrumpa a propósito (pasiva refleja). Sin embargo, alguien tuvo que amasar el pan sin duda (pasiva refleja), y el tiempo no se acabó a sí mismo, ni lo acabó nadie, se acabó solo (voz media).

35-   En la primera el sujeto, *los adolescentes*, es también el agente y el paciente; en la segunda el sujeto es *adolescentes*, que coincide con el paciente, y el agente es el operario que depila. Por tanto en la primera tenemos un pronombre reflexivo o recíproco (según el sentido) y en la segunda una pasiva refleja. Es el carácter determinado o no de *adolescentes* lo que nos permite distinguir entre sentidos muy distintos. ¡Que venga ahora el de Química con su laboratorio a cuestas a decirnos que en Lengua no hacemos magia!

36- El ejemplo es distinto del ejercicio anterior porque, por su conocimiento pragmático, el hablante sabe que los adolescentes pueden depilarse a sí mismos o los unos a los otros, pero los libros no pueden encuadernarse a sí mismos ni los unos a los otros. En el primer caso, descartada la posibilidad de que se trate de pronombres reflexivos y recíprocos cuyo referente sea *los libros*, entendemos una pasiva refleja. El segundo es diferente. El hecho de que conste escrito *los libros*, con el artículo, nos indica que no se encuadernan cualesquiera libros, sino unos muy concretos. De modo que, cuando leemos *Se encuadernan los libros*, de inmediato entendemos que una tercera persona del plural ejerce como sujeto tácito, y que *se* es reflexivo o recíproco indirecto (a diferencia de lo que ocurría en el ejemplo anterior): *Ellos se encuadernan sus libros*.

37- En *Se me acabó la gasolina* relató algo que ocurrió solo. *La gasolina* (sujeto) se acabó porque es finita: voz media. En *Se me racionó la gasolina* la acción no sucedió sola: alguien tacaño o muy respetuoso con el medio ambiente me la racionó, de modo que estamos ante una pasiva refleja.

38- En *Se me hace tarde*, ese *se* sirve para impersonalizar al verbo y *me* es indirecto. En *Se me hace difícil* existe un sujeto tácito (*Algo se me hace difícil*). Tenemos un verbo semicopulativo con una marca de voz media (*se* indica que nadie hace que la acción resulte difícil: se hace difícil por su propia naturaleza). Aquí también, *me* es indirecto. Una segunda interpretación para esta oración sería la de pasiva refleja: me lo hacen difícil; se me hace difícil, desde fuera; se empeñan en hacérmelo difícil y conspiran contra mí.

39- En la primera *el joven*, que es el sujeto, es experimentante, de modo que tenemos una voz media; en la segunda no hay manera de localizar un sujeto, pero no nos cabe duda de que existe un agente, aunque no aparezca: impersonal.

40- En *Se aburrió a los alumnos* tenemos una impersonal y un sintagma preposicional complemento directo. En *Se aburrió de los alumnos* tenemos un sujeto tácito (tercera persona del singular), un verbo en voz media y un complemento de régimen.

41- En *Se despidió al jardinero* tenemos una impersonal y un sintagma preposicional complemento directo. En *Se despidió del jardinero* tenemos un sujeto tácito (tercera persona del singular), un verbo pronominal y un complemento de régimen.

42-   En *Se acordó la subida de sueldo* aparece un verbo *acordar*, transitivo, que figura en pasiva refleja (la acordaron entre varios agentes) y cuyo sujeto es *la subida de sueldo*. En *Se acordó de la subida de sueldo* el verbo es *acordarse*, en voz media pronominal, su sujeto, en tercera persona del singular, permanece tácito, y *de la subida de sueldo* es complemento de régimen.

43-   En *Homer se imagina en Hollywood*, Homer se imagina a sí mismo en Hollywood. Cuando le explicaba que en las reflexivas el agente realiza la acción sobre sí mismo *desde fuera*, una amiga se reía a carcajadas: *O sea, que en «Paco se lava» Paco sale de sí mismo para lavarse desde fuera...* Pues algo de eso hay, aunque habrá que explicarlo mejor, para que no se rían de nosotros en clase. Imagina la oración. ¿Cuántos referentes hay? Un Homer que imagina y otro que es imaginado. A eso le llamamos realizar las cosas *desde fuera*, a establecer una diferencia clara entre el agente y el paciente, pero, y en eso consiste la reflexividad, de forma que ambos compartan referente. En *Homer se imagina que voy a Hollywood*, *se* no remite a un Homer imaginado y es prescindible: tenemos un dativo aspectual.

44-   En *Se me han adelantado* tenemos un *se* pronominal y un *me* complemento indirecto. La secuencia *Se me han atrevido* les suena forzada a algunos hablantes: sucede a menudo con oraciones en las que hay elementos enfáticos, que solo nos resultan naturales cuando aparecen de forma muy espontánea. Tenemos un *se* pronominal y un *me* dativo ético: no es que se me hayan atrevido a mí, este verbo no selecciona directo, ni tampoco un indirecto convencional. Pronuncio ese *me* porque quiero manifestar mi desagrado ante un atrevimiento que juzgo inoportuno, o por mi agradable sorpresa cuando alguien muy timorato se atreve por fin a realizar lo que siempre suponía para él un obstáculo.

45-   En *Se aplica en el estudio* tenemos un sujeto tácito (tercera persona del singular) y un *se* pronominal. En *Se aplica el estudio* la primera opción que baraja el hablante es que alguien aplica el estudio para, por ejemplo, desarrollar un proyecto: se trata de una pasiva refleja.

46-   Este es un caso en el que conviene insistir, porque el alumno tiende a considerar que todo *se* que precede a un *lo/la/los/las* es sustituto o alomorfo de *le/les*. En *A María se la contrató* tenemos un verbo impersonal, mientras que en *A María se la dieron* el pronombre *la* es el complemento directo y *se* el indirecto. En el segundo caso sí se trata de un alomorfo de *le*, puesto que el referente de *se* es María.

47-   Lo cierto es que podría tratarse de dos oraciones con el mismo significado, pero entonces... no formarían un par mínimo. Si el significado es distinto... ¿en qué residirá la clave? En *No me tires basura en la calle* puedo estar ordenándote que no me arrojes desperdicios, a mí, en mitad de la vía pública: *me* es un indirecto normal. Pero en *No me tires la basura en la calle* este sentido no parece posible, porque nos referimos a una basura muy específica, la que guardamos en casa, y, por razones pragmáticas, se nos hace difícil entender que alguien la acarree por el simple gusto de lanzárnosla luego, por mucha manía que nos tenga. Parece que, en esta segunda secuencia, manifestamos nuestro disgusto, no porque me arrojes nada a mí, sino porque arrojes los detritus a la calle: *me* es un dativo ético. También podemos interpretar la primera secuencia como un dativo ético.

48-　　En *Se leyó el libro* no entendemos que se lo leyera a sí mismo; el pronombre *se* es prescindible y sirve para indicar que la acción se llevó a cabo hasta el final: dativo aspectual. En *Me leyó el libro* tenemos un complemento indirecto no argumental.

49-　　La respuesta fácil es que lo segundo da más rabia. En *Me levanté* tenemos un verbo pronominal y en *Me levantó* un *me* complemento directo. En este segundo ejemplo el significado del verbo es causativo, pero el del pronombre no.

50-　　El verbo *tirar* selecciona un sujeto agente y un complemento directo, mientras que el verbo *caerse* selecciona un sujeto experimentante o tema. En *Se me ha caído el tenedor* el sujeto, *el tenedor*, es el tema, y nos encontramos con un *se* de voz media. Los restos del filete los tiro a propósito, pero el tenedor se me cae por accidente o descuido.

51-　　Se trata de tres ejemplos de voz media. El hablante usa la voz media porque las acciones o los estados asociados a *acordarse*, *aburrirse* o *marearse* no se corresponden con la voz activa (el sujeto no hace nada), ni con la pasiva (nadie realiza la acción de *acordar*, *aburrir* o *marear* sobre el sujeto), sino con la media (al sujeto le ocurren).

52-　　En *Se producen reajustes de plantilla en Cárnicas Martínez* el periodista escoge una voz media, que sirve para evitar la mención de un culpable. De esta forma, evita la responsabilidad de la dirección, puesto que presenta un suceso que ocurre y no una acción de la que alguien es agente. Además, se usa el eufemismo *ajustes de plantilla*, en lugar de la expresión, mucho más cruda, *despidos*, para dejar un mejor sabor de boca al lector. Desde luego, este titular no proviene del periódico de un sindicato.

En *Se despide a cincuenta trabajadores de Cárnicas Martínez*, el redactor usa una impersonal refleja, que le permite evitar el sujeto y el agente: existe un agente, sin duda, pero no se puede mencionar, por la fórmula gramatical escogida. Así no se aborda la responsabilidad de la acción. Sin embargo, sí emplea el término *despido*. Sigue siendo bastante comprensivo con la dirección de la empresa.

En *La dirección decide despidos masivos en la plantilla de Cárnicas Martínez* encontramos en primer lugar al sujeto agente, sobre el que se vuelca la responsabilidad. Además, en lugar de aportar una cifra, se usa un adjetivo explicativo de carácter valorativo, *masivos*. Este sí podría ser el titular de un periódico muy poco afín a la dirección de la empresa. Si el redactor trabaja en Cárnicas Martínez, tiene los días contados.

53-   Si escribo *La directiva del Inter ficha a Pitu*, estoy escogiendo un sujeto agente, al que atribuyo toda la responsabilidad de un magnífico fichaje: me gusta la directiva. Si escribo *Se ficha a Pitu*, uso una impersonal refleja, lo que supone renunciar al sujeto y a la expresión del agente: deseo insistir más en la acción y menos en quién la realiza. No quiero atribuirle el mérito a la directiva. Si me decido por *Se confirma el fichaje Pitu*, uso una pasiva refleja o una voz media y el resultado es muy similar al anterior. Alguien confirma el fichaje, pero no digo quién (pasiva refleja), o queda confirmado por las circunstancias (voz media). Y a la directiva, ni la menciono. Lo siento, me caen mal. ¿Ves cómo puedo usar las estructuras gramaticales para expresar mi postura ante los acontecimientos?

54-   La respuesta es libre, puesto que depende de los textos trabajados en clase. Buscamos en esos textos los usos de los distintos tipos de PPA. Veremos que en la exposición es muy habitual el uso de pasivas reflejas e impersonales reflejas, porque rara vez resulta imprescindible conocer el agente de los procesos. Sin embargo, aparecen mucho menos en las narraciones, en las que la expresión del agente suele resultar más relevante.

55-   En *tal como viene, se te va*, tenemos un *se* pronominal. Podría justificarse que es voz media argumentando que la fama se va por su propia naturaleza, como ocurre en *La pintura se ha ido*, pero aquí la fama aparece personificada. *Te* funciona como un indirecto adjunto. Normativo.

En *yo nunca le confiaré* podríamos considerar que *le* ha sustituido a un complemento de régimen. No se trata de un fenómeno extraño: el *te* de *Te lo comparto* funciona como un indirecto, aunque sustituye al complemento de régimen *contigo* de *Lo comparto contigo*. En realidad, Rosalía está calcando la estructura inglesa *I will never trust him*. Lo mismo ocurre en *nunca la vayas a casar*, calco de *Never marry her*. Ambas quedan fuera de la norma.

En *no hay manera de que esta obsesión se me fuera* rechina el uso de los tiempos verbales (lo normativo sería *No había forma de que esta obsesión se me fuera* o *No hay forma de que esta obsesión se me vaya*), pero el uso de los clíticos sí es normativo: tenemos un *se* de voz media, porque las obsesiones no se marchan por su voluntad, sino por su propia naturaleza, y un *me* complemento indirecto adjunto.

56- En *La tormenta se desató* tenemos un *se* de voz media. Las tormentas no se desatan a sí mismas: se desencadenan solas. En *Luis se desató* tenemos un pronombre reflexivo directo, puesto que Luis se desató a sí mismo. Si no queremos decir que se quitara las ligaduras, sino que comenzó a hablar o a proceder de forma apresurada, desordenada, entonces se trata de un uso pronominal.

57- Si escribe «no termina de creerlo», los lectores de la variante diatópica a los que se dirige entenderán que Max no termina de creer que Tomás contara algo a los guardianes, y no es eso lo que desea expresar. Si quiere indicar que no termina de creer a Tomás hay un camino cortísimo, el leísmo. Así que escribe, a sabiendas, «Asel insiste a Tomás para que piense si contó algo más a los guardianes. Max no termina de creerle». Porque desea ser comprendido.

58- Es cierto que yo podría haber preguntado, de forma más precisa, «¿A tu padre cómo lo ves?», pero recordad que el ser humano es perezoso y siempre elegirá el camino más corto. Si pregunto «¿Cómo le ves?» entenderá de inmediato que le pregunto acerca de cómo encuentra a su padre y no acerca de su opinión acerca del traslado. Si el leísmo constituye un recurso que me permite expresarme de forma eficiente, su consolidación se reafirmará.

59- Si queremos decir que comenzó a llorar es algo que le sucedió: voz media. También es posible que se trate de un magnífico actor y lo hiciera a propósito: entonces es un pronominal. Si se tumbó para llorar más tranquilo es pronominal, porque esa acción es consciente, no remite a algo que le ocurre al sujeto.

60- Análisis tradicional (muy bueno para aprender a razonar).

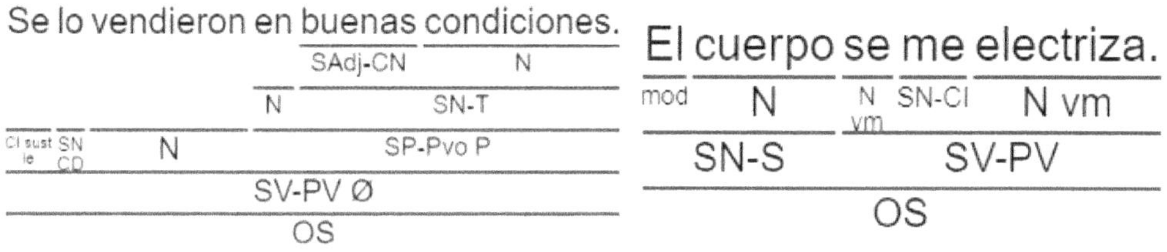

Se lo vendieron en buenas condiciones.

		SAdj-CN	N
		N	SN-T
CI sust SN le / CD	N		SP-Pvo P
		SV-PV Ø	
		OS	

El cuerpo se me electriza.

mod	N	N vm	SN-CI	N vm
	SN-S		SV-PV	
		OS		

No se me quita el picor.

N vm — SN-CI · N vm · mod · N
SAdv MOr — SV-PV · SN-S
OS

Se apoyará la candidatura del ø más votado.

mod · N
mod N · SAdj-CN
N · SN-T
N pas ref · mod · N · SP-CN
SV-PV · SN-S
OS

Se consideran amortizadas las inversiones.

N pas ref · SAdj PVO · mod · N
SV-PV · SN-S
OS

A mí no se me habla de ese modo.

mod · N
N SN-T · N · SN-T
SP-CI · N SN-CI · N imp · SP-CC M AD
SV-PV SAdv MOr · SV-PV
OS

No se la avisó del incidente.

mod · N
N · SN-T
N SN CD · N imp · SP-CRV AR
SAdv MOr · SV-PV
OS

Se me hace tarde.

N SN-CI · N imp
SV-PV
OS

Se independizó en marzo.

N · SN-T
N pron · SP-CC T AD
SV-PV Ø
OS

A veces me siento feo.

SAdv CC T AD · N vm · SAdj At P
SV-PV Ø
OS

Luego me acuerdo de mis amigos y se me pasa.

mod · N
N · SN-T
SAdv CC T AD · N vm · SP-CRV AR · N SN-CI · N vm
SV-PV Ø · NX cop · SV-PV Ø
OC

Se giró bruscamente.

N pron · SAdv-CC M AD
SV-PV Ø
OS

Se rascaba con ansia.

N | SN-T
CD reflex | N | SP-Pvo P
SV-PV Ø
OS

Me hice la cama.

mod | N
CI reflex | N | SN-CD AR
SV-PV Ø
OS

¿Os intercambiáis la ropa?

mod | N
CI recíp | N | SN-CD AR
SV-PV Ø
OS

Se quieren mucho.

CD recíp | N | SAdv CC Cant AD
SV-PV Ø
OS

Me hice la manicura en ese establecimiento.

mod | N
mod | N | N | SN-T
CI causat | N | SN-CD AR | SP-CC L AD
SV-PV Ø
OS

El sábado me quito los juanetes en esa clínica.

mod | N
mod | N | N | SN-T
SN-CC T AD | CI causat | N | SN-CD AR | SP-CC L AD
SV-PV Ø
OS

Se la ve decaída.

N imp | SN CD | N imp | SAdj-Pvo P
SV-PV
OS

Se la dediqué a mi ex.

mod | N
N | SN-T
CI sust le | N SN CD | N | SP-CI
SV-PV Ø
OS

No te me enfades.

N vm | D.Ét. | N vm
SAdv MOr | SV-PV Ø
OS

Vuélveteme rubio.

N pron | D.Ét. | SAdj AT
SV-PV Ø
OS

Nos comimos dos bocadillos.

		mod	N
D. aspect	N	SN-CD AR	
SV-PV Ø			
OS			

Se estudió tres temas difíciles.

		mod	N	SAdj-CN
D. aspect	N	SN-CD AR		
SV-PV Ø				
OS